AF244441

LÉON DUPONT
Conférencier Populaire

A qui la faute?

PAR L'AUTEUR

DES

CONFÉRENCES FAMILIÈRES AUX OUVRIERS

PARIS

LIBRAIRIE BLOUD ET Cⁱᵉ

4, RUE MADAME ET RUE DE RENNES, 69

—

A QUI LA FAUTE?

DU MÊME AUTEUR

CONFÉRENCES FAMILIÈRES AUX OUVRIERS

Portraits, dictons, dialogues.

1 vol. in-16. — Prix : 2 francs, franco : 2 fr. 25

Ce livre en est à sa quatrième édition ; il a été honoré des lignes qui suivent, par M. E. M. de Vogüé, de l'Académie Française :

« Je reçois beaucoup d'ouvrages, Monsieur ; bien rares sont ceux qui me donnent, comme le vôtre, l'impression d'un livre utile et bon. Je vous remercie de me l'avoir fait connaître et je vous prie d'agréer mes très sincères félicitations.

E.-M. DE VOGÜÉ. »

Nous vous recommandons, pour vous aider dans l'apostolat de la parole, un livre de M. Dupont, intitulé : *Conférences familières aux Ouvriers*, édité chez Bloud, rue Madame, Paris. Ces causeries sont pleines de simplicité et de bon sens pratique ; elles sont écrites par un homme qui a consacré une partie de son temps aux travailleurs, qui les connaît, qui les aime, et qui a considéré comme un devoir de leur porter la parole qui éclaire et fortifie.

A notre époque si troublée, les âmes sont aussi affamées d'idées que les corps le sont de pain. Vous pourrez vous inspirer des causeries contenues dans ce livre, vous y puiserez des idées excellentes, que vous saurez certainement accommoder aux cerveaux féminins de vos auditoires.

(Le Devoir des Femmes Françaises.)
Mai 1903.

LÉON DUPONT

Conférencier Populaire

A qui la faute?

PAR L'AUTEUR

DES

CONFÉRENCES FAMILIÈRES AUX OUVRIERS

PARIS

LIBRAIRIE BLOUD ET Cie

4, RUE MADAME ET RUE DE RENNES, 59

TABLE DES CHAPITRES

PRÉFACE

Beaucoup de personnes gémissent sur les malheurs des temps, sur les vices de la société, mais elles ne croient devoir en attendre la réparation que d'un sauveur militaire ou politique.

Il faut, disent-elles, « un sabre, » c'est-à-dire un homme énergique qui remette tout en place et ramène le peuple à la raison ; elles espèrent que toutes les réformes s'opéreront sans qu'elles en aient le souci ou qu'elles en subissent le contre-coup pour elles ou leurs bien-aimés fils.

En attendant ce sauveur, on va à toutes les fêtes les plus mondaines, aux théâtres les plus risqués ; on donne des soirées dans lesquelles on reçoit même du monde' douteux : il faut bien marier ses filles !

Dans l'intervalle de deux valses, on se serre la main en parlant d'affaires, puis revient l'habituelle lamentation : « Quelle politique ! où allons-nous, cher Monsieur ?... »

Mais Mademoiselle est invitée par un jeune homme charmant, connu seulement par la fortune de sa famille ; Madame suit des yeux son fils, qui va se faire entendre ensuite dans un morceau d'un artiste de genre.

C'est ainsi que les honnêtes gens preparent la venue du sauveur qui doit avoir la main si ferme sans aucun gant de velours.

Et l'on est assez ingénu pour espérer que cet

homme fera ce coup d'Etat tout seul, sans attaches, sans un parti avoué ou non avoué.

Qui sera derrière lui ? qui lui imposera, de suite ou plus tard, la réalisation des engagements qu'il aura pris ?

Eh bien ! non, ce n'est pas en se dissimulant ses devoirs, ce n'est pas en geignant seulement que les mœurs se changeront, que les vertus civiques renaîtront. Il vaut mieux s'avouer que nous mourons lentement d'égoïsme, sous prétexte de distinction et de souci des convenances.

A l'aristocratie des nobles, a succédé celle des universitaires, des diplômés, des intellectuels. Un trop grand nombre de ceux-ci, au lieu de s'appliquer à réparer le mal, ne veulent, à leur tour, que des honneurs et des places !

La ploutocratie financière s'est dit : « Profitons de tout ce mouvement pour faire nos affaires ; la richesse seule donne les plaisirs ; elle supplée au mérite ; elle doit attirer à nous les docteurs, les agrégés, les titrés de tous grades, les littérateurs de toute sorte : journalistes, romanciers, écrivant, pour vivre, tout ce qui leur est imposé. »

« Les pédants, les viveurs, les déclassés ont besoin d'argent et quoi qu'on dise, l'argent règne et sait se faire servir. »

Donc, d'une part, les satisfaits, les demi-savants envieux d'honneurs, les littérateurs avides de popularité, les besogneux, estiment que tout va bien dans l'état actuel.

D'autre part, le peuple, qui souffre du chômage forcé, de la maladie, des charges de la famille, est travaillé par ses journaux, ses orateurs, ses idoles. Ceux-ci exploitent ses besoins, exaltent ses vertus, flattent sa soif de plaisir et de révolte et le poussent à un bouleversement social, qui doit théoriquement réaliser le problème humanitaire.

A quel moment cette partie la plus vigoureuse de la nation se jettera-t-elle sur l'autre avec ses bras nerveux pour s'en partager les dépouilles, satisfaire ses appétits aiguisés, ses irritations contenues ? Nul ne le sait...

Mais il est certain que ce n'est pas avec des soupirs, des lamentations que l'on pourra éviter ces malheurs ; il faudra, au contraire, des actes généreux et des sacrifices !

Qu'y aurait-il à faire pour parer à ce danger ? C'est ce que j'ai étudié dans cet essai qui sera peut-être critiqué sévèrement, mais pourra aider les hommes sages et surtout dévoués à trouver une orientation salutaire.

Leur propre réflexion, leur amour du bien, leur vertu compléteront ce que j'ai simplement indiqué. Jeunes, ils pourront réaliser ce que je n'ai pu que signaler.

Souvenons-nous que c'est le sang des chrétiens qui a délivré Rome du paganisme et que le paganisme nous aurait livrés aux fils des barbares.

LÉON DUPONT.

A QUI LA FAUTE ?

Vous êtes Socialiste ?

— Alors, Monsieur, vous êtes socialiste ?

— Ce serait sans le savoir, comme M. Jourdain faisait de la prose.

— Mais tous vos raisonnements sont empreints de cette doctrine.

— Vous me surprenez !

— En tout vous paraissez prendre fait et cause pour la classe ouvrière et émettre des idées qui semblent étrangères à un homme de votre condition.

— Mais je ne vous ai émis qu'une seule idée, celle de la justice, et vous parlez de mes idées : n'en avez-vous pas vous-même de préconçues sur la classe ouvrière, qui me semble digne du plus grand intérêt ? Je cherche à être juste et ne crois pas m'écarter de la vérité parce que je soutiens certaines revendications que peuvent avoir les socialistes. Et de fait si tout ce qu'ils disent était invraisemblable ou faux, croyez-vous que leurs doctrines auraient fait tant de progrès parmi les ouvriers ?

Si une chose est vraie, dite par un socialiste, ne dois-je pas me rendre compte de la part de la justice et de celle de la révolte ?

Je regrette sérieusement que, parce que certaines réclamations ne sont pas présentées dans les formes désirables, beaucoup de gens se refusent à les examiner et les rejettent en bloc, n'ayant pour tout argument que ces mots : « Vous êtes socialiste. »

En somme, le peuple souffre-t-il ?

— Oui, il souffre ; mais, beaucoup par ses vices, ou, au moins, par ses mauvaises habitudes.

— Nous sommes d'accord ; mais ses vices, de qui les tient-il ?

— Mais de lui.

— Ce n'est pas très sûr, le peuple est un grand copiste.

De qui a-t-il imité l'amour déréglé du luxe ? — Des financiers, des riches commerçants qui laissaient leurs femmes et leurs filles copier les actrices et même les demi-mondaines... Du reste qui voyait-il se prélasser, aux terrasses des cafés de la Bourse et des boulevards, à l'heure de l'apéritif ? — Des financiers encore, qui artistement étendaient d'eau leur absinthe. — Qui a créé l'heure de l'apéritif ? est-ce le peuple ?

En quelle compagnie se trouvent les habitués des boulevards de dix heures du soir à une heure du matin, quelle est la tenue de ces femmes qui accompagnent ces Messieurs ? De quels petits théâtres de genre sortent-ils ?

Qui a inventé les paris aux courses ? Qui y sable le champagne en plein air ? Qui a donné cet exemple de dévergondage, de luxe et de débauche au peuple ? — Toujours ces financiers, ces bourgeois ou ces fils de bourgeois.

En fait, la bourgeoisie a renversé la noblesse pour prendre ses dérèglements et non pour les corriger ; elle n'a copié que ses faiblesses et non ses qualités.

— Mais le peuple est impie, révolté contre Dieu et tout ce qu'il doit respecter.

— De qui le peuple tient-il son impiété ? Est-ce lui qui a écrit les livres de philosophie du dix-huitième siècle ? Est-ce lui qui s'est fait voltairien, depuis l'époque de Louis XV jusqu'à celle de Louis-Philippe ? Est-il aussi l'auteur des chansons frondeuses et obscènes qui ont eu tant de succès ? — En 1830, qui a créé la politique révolutionnaire ? qui a soutenu les journaux d'opposition, est-ce le peuple, est-ce la bourgeoisie ?

Ne l'a-t-on pas assez ridiculisé, de n'écouter que son curé, de suivre l'obscurantisme, d'être superstitieux ? Dans les villes, vers 1830, les industriels qui avaient des commandes, ne l'ont-ils pas plaisanté de ce qu'il n'osait pas travailler le dimanche ? Ne lui ont-ils pas répété, à satiété, que mangeant sept jours, il pouvait travailler sept jours, que le repos du dimanche était une invention des prêtres, pour dominer le peuple ? En un mot, ce sont les industriels, les négociants, les financiers, surtout, qui ont appris au peuple à donner au superflu l'importance du nécessaire, à jouer avec son honneur, à faire les révolutions et surtout à dédaigner Dieu.

Oui, vous pouvez me reprocher de ne pas

approuver la faiblesse des financiers et des
bourgeois pour leurs fils inoccupés, de juger
leur morale égoïste, de me refuser à admettre
que le carême des riches ne doit commencer
qu'à la semaine sainte et surtout de ne pas
comprendre que, ne respectant rien, ils entendent
être respectés.

Et maintenant pourquoi me croyez-vous socialiste ?

Parce que je pense que l'homme qui donne
des travailleurs à la société, des défenseurs à
l'Etat, des gardiens à la propriété, ne doit pas
être considéré comme un besogneux, comme un
homme à qui on ne doit que de la pitié.

La société n'est pas juste avec cet homme,
sa pitié est inconvenante.

—Je trouve, Monsieur, que, maintenant, le
peuple veut tout dominer ; qu'il est insatiable,
qu'il prend ses faiblesses pour des besoins, la
révolte pour son droit.

— Il est vrai que le peuple va trop loin ; mais
lui n'a pas appris l'art des nuances, l'art de rester honnête à demi. Mais dites, qui l'a lancé
dans cette voie ? qui lui a enseigné à se démo-
raliser, à être un mécontent ?

Et maintenant vous allez peut-être penser que
j'en veux aux bourgeois, que je comprends qu'on
veuille les piller et les pendre ?

Eh bien, non, je ne veux pas qu'on pende
personne, je crois le partage des biens une illu-
sion dont on ne peut déterminer le commencement et la fin ; je prends le collectivisme

comme une utopie habile pour créer de grasses sinécures à ceux qui seraient les promoteurs de l'essai. Ceux-là savent bien qu'ils ne seraient plus parmi les producteurs, mais dans les bénéficiaires de la haute direction.

Vous me dites : « Mais, alors, que voulez-vous ? Indiquez les réformes nécessaires. »

La réforme que je crois la plus indispensable est plus générale que de détail ; elle exige plus de justice que d'idées et à l'encontre de ce que l'on attend, elle demande que ce soient les financiers, les industriels, les bourgeois qui, ayant les premiers donné le mauvais exemple au peuple, soient les premiers à revenir aux principes d'honneur, d'intégrité, de moralité et, pour ce faire, aux principes de religion que les premiers ils ont abandonnés et tournés en ridicule !

— Mais vous oubliez donc qu'aujourd'hui l'ouvrier est exigeant, envieux !

— Il faut, en tout, faire la part du feu. Il y a en effet aujourd'hui l'ouvrier envieux, l'orateur de club, le meneur de grèves ; celui-là ne désire chez le patron ni plus de justice ni plus de vertu, mais au contraire, il le veut vicieux même ; il ne jalouse que le droit d'imiter, dans leurs fautes, les écarts de ceux qu'il attaque ; le mieux n'est pas son but, mais le bien des autres, sa fin.

De ces gens-là, il y en aura toujours ; mais peu sont des habiles, des entraîneurs ; beaucoup ne sont que des ignorants et des brutaux.

Ces hommes qui s'appellent des ouvriers et ne sont que des révoltés, ne sont pas ceux pour lesquels j'adjure la bourgeoisie et surtout ses fils de se refaire ; certes, non, qu'ils soient ouvriers ou bourgeois, les hommes vicieux sont tous méprisables.

Je parle pour ceux qui, de nature honnête et bonne, ont besoin d'un bon exemple à imiter et seraient heureux qu'une bonne voie leur fût tracée, par leurs chefs, pour les suivre avec bonne volonté.

A chacun sa part de responsabilité, à chacun sa part de bonne volonté. Si le mal est grand aujourd'hui, s'il demande de grands sacrifices, il faut se rappeler que noblesse oblige ; si Dieu nous a favorisés de plus d'éducation, de plus de facilités dans notre position, ce n'est pas seulement pour notre agrément qu'il l'a fait, mais afin que par notre reconnaissance, nous aidions de tout notre pouvoir, ceux pour qui les charges de la vie sont pesantes, difficiles. Il ne faut pas que ces frères malheureux demandent où est leur Dieu ; il faut qu'ils trouvent en nous des protecteurs, des modèles qui le lui disent, et je mets en fait que les fils de bourgeois ne sont pas formés par leur père à penser à cela !...

— Oh ! mais où allez-vous avec vos tirades ? je vous disais bien que vous étiez socialiste.

— Mais en quoi, je vous prie, suis-je socialiste ? M'entendez-vous demander un changement d'organisation sociale ? Mon but est-il de renverser quelque chose ou de chercher à améliorer ce qui est par les intéressés eux-mêmes : bourgeois ou ouvriers ?

— Monsieur, ne fait-on pas déjà assez de choses pour améliorer la classe ouvrière : sociétés de bienfaisance, patronages de jeunes gens et de jeunes filles, ouvroirs, caisses de mutualité avec donateurs et bienfaiteurs ? Dans ces temps n'a-t-on pas créé les jardins ouvriers, l'*habitation à bon marché*, l'ouvrier possesseur progressif de sa maison, *les maisons modèles ?* Que faut-il donc de plus ?

— Tout cela est fort beau, ce sont des œuvres utiles, c'est de la bienfaisance qui a sa raison d'être, surtout pour les nombreuses familles déshéritées, mais ce n'est pas ce qui nous occupe pour le moment, c'est-à-dire la justice envers le travailleur.

Les mêmes personnes qui souscrivent de leur argent pour établir *les jardins ouvriers, les maisons ouvrières,* supposent des idées socialistes à ceux qui leur parlent de la participation de l'ouvrier aux bénéfices, de l'ouvrier actionnaire. N'est-ce pas là pourtant le meilleur moyen de l'intéresser à la prospérité des Compagnies ?

Pourquoi ne pas aller au-devant de cette idée ? Faut-il attendre que les révolutionnaires, sous les noms de socialistes et de collectivistes, viennent lui faire désirer la propriété par convoitise ?

Faut-il laisser l'ouvrier se familiariser avec l'idée d'excuser ceux qui veulent faire sauter les mines pour les détruire ou brûler les usines, parce qu'on les appelle anarchistes au lieu d'incendiaires ?

— Oh ! mais vous êtes effrayant, tout cela est du beau !!

— Je ne vous dis pas que je veux cela, puisque précisément je ne vous parle que des moyens d'éviter ces catastrophes.

Mais il vous semble donc impossible d'admettre que, par son travail et la pratique de l'économie, le travailleur puisse être quelqu'un ?

Trouvez-vous surprenant qu'un ouvrier menuisier devienne un jour un entrepreneur occupant cent, deux cents ouvriers ?

Ne savez-vous pas que la maison du *Bon Marché,* que le *Louvre, Piat* à Paris, *Mame* à Tours, *Laroche-Joubert,* et autres ont commencé leur prospérité, en intéressant leurs chefs de service à leurs bénéfices ? Ces chefs de rayon étaient des employés dont on faisait des dixièmes, des vingtièmes, des centièmes de patron représentant dix, vingt, cent actionnaires légitimes ?

— Mais le *Bon Marché,* le *Printemps,* ce sont des maisons de commerce organisées, occupant des employés, cela n'a pas de rapport avec une usine, une compagnie, une industrie !

— Pardon, vous dites que ces maisons de commerce sont organisées, mais elles ne se sont par organisées toutes seules, il y a eu un organisateur ; de plus vous dites que ce sont des employés ; mais vous pouvez vous assurer que semblables organisations ont été faites *par des ouvriers, pour des ouvriers.* Consultez le livre *les Associations Ouvrières de production* (1) et vous verrez que, rue Pastourelle, à Paris, il existe une Société semblable d'ouvriers très prospère ; ce n'est pas la seule et il y aurait grand avantage pour détruire *sans violence le socialisme* à aider de semblables associations et surtout participations.

Des chefs d'industrie ont admis la participation aux bénéfices et s'en sont bien trouvés, ils ont été récompensés de leurs sentiments de justice, provoqués par la bonté de leur cœur. Les Compagnies ne pourraient-elles pas prendre le moyen qui est à leur disposition immédiate pour obtenir un résultat leur assurant un travail plus régulier avec un personnel choisi (2). Le travailleur y serait intéressé comme à une partie de son bien. Quand l'ouvrier possède, il est disposé à résister aux fauteurs de désordre, socialistes, collectivistes, anarchistes, révolutionnaires quelconques.

Si nous pensons que les vices, inhérents aujourd'hui à la classe ouvrière, sont une des plus grandes causes de ses misères, rappelons-nous que les heureux de la terre qui n'ont pas scandalisé leurs semblables sont rares.

Lorsque je dis scandaliser, je n'entends pas parler de ceux qui ont fait fortune par des indélicatesses plus ou moins détournées, par des

(1) Imprimerie Nationale.
(2) Voir ce qu'a déjà fait M. Noblemaire à la Compagnie P.-L.-M.

commerces plus ou moins illicites ou même entachés d'immoralité, maisons de jeu, théâtres et lieux de plaisirs, débits d'absinthe et autres.

Pour ceux-là, qui sont nombreux, les familles honnêtes ont une certaine réserve, ne les fréquent pas et fuient leurs alliances.

Le scandale dont je veux parler est celui, si général, des familles même chrétiennes, qui ont oublié les principes sérieux du christianisme et sont satisfaites et en sûreté de conscience, quand elles ont entendu une messe de vingt minutes le dimanche. C'est ainsi qu'elles comprennent le commandement de sanctifier le jour du Seigneur.

Si telle est la loi qu'elles se font, le peuple, lui qui est souvent obligé de travailler le dimanche, la femme du peuple qui, au lieu d'être servie, a tout à faire par elle-même, quelle loi peuvent-ils observer d'après l'exemple qui leur est donné !

— Mais, monsieur, à vous entendre on croirait assister à un sermon de carême ; le peuple est aujourd'hui instruit, il doit savoir se conduire.

— Non, quoiqu'il vous en semble, le peuple n'est pas instruit de sa religion ; il a suivi l'exemple de beaucoup de riches, qui ont négligé tout ce qui avait trait à leurs devoirs envers Dieu pour ne s'occuper que du progrès des sciences. Les ouvriers sont plus avancés en mécanique, en physique, chimie, astronomie ; mais, comme les gens du monde, ils ont délaissé leur instruction chrétienne, et je prétends que c'était la classe aisée qui devait leur montrer le respect de la loi de Dieu, puisqu'elle voulait être respectée par le peuple.

Au lieu de cela elle a discuté sa Foi, pour la peser, la critiquer : souvent elle l'a ridiculisée devant ses enfants, ses ouvriers, ses employés.

Qu'y a-t-il d'étonnant, si les classes riches ont adopté une partie des mœurs du paganisme, que le peuple veuille les imiter autant qu'il le peut ? Incapable de faire des lois où la justice est violée, sous les apparences de la légalité, le peuple aspire à l'heure qui lui permettra de montrer que *la force prime le droit.*

Vainqueur, il n'aura travaillé qu'à son propre malheur. Il ne triomphera que par des désastres et comprendra trop tard que l'Evangile seul était la loi.

L'Evangile, riches et pauvres devraient le suivre pour rendre faciles ou supportables les lois de la Société.

Qui sera assez heureux pour montrer à l'ouvrier que la seule manière d'être égal ou supérieur au riche est de savoir comprendre que la dignité de l'homme ne s'acquiert pas dans la révolte, mais dans la pratique des vertus ?

En l'état où sont les choses, les prétendus ouvriers, orateurs de club ou meneurs de grèves, bénéficient seuls du désordre et des révoltes. qu'ils préparent, pour mieux pêcher en eau trouble. Pendant ce temps, l'ouvrier réel souffre du chômage qui le prive du pain de sa famille, l'aigrit contre son sort et le conduit à des libations qu'il devra payer plus tard.

Quand le travailleur comprendra-t-il que, nouveau Bertrand, il tire les marrons du feu pour régaler Raton ?

Les mots sonores Liberté et Progrès ne doivent pas se traduire par révolte et irréligion ; gardons notre bon sens ; restons gracieux et honnêtes Français.

Les bourgeois de notre siècle ont réduit, dans leur pensée, la mission de l'Eglise à veiller sur leur coffre-fort pour « permettre à leurs femmes ou à leurs filles de passer en sécurité les nuits à danser et à leurs fils de souper en joyeuse compagnie dans les cabarets à la mode » (1). Le Christ n'est point venu parmi nous et n'a point institué son Eglise pour permettre aux puissants du siècle de goûter en sécurité les joies du monde et pour prêcher seulement la résignation aux déshérités de la fortune. Sa mission est de conduire les peuples, et non point seulement de servir de garde-barrière.

(CLAVERIE, Echo des Syndicats.)

(1) La bourgeoisie maîtresse sentait le besoin d'avoir, entre le peuple et elle, quelqu'un qui prêchât aux masses la patience et la résignation. Nous croyions bonnement que c'était pour cela surtout que la religion méritait de vivre, — et nous nous en cachions si peu que le peuple a appris de nous à s'en méfier, si bien que, pour lui aussi, la religion a perdu presque toute son efficacité.
(Anatole Leroy-Beaulieu, *Revue des Deux Mondes*, 15 déc. 1892. *L'Evolution du Saint-Siège et l'Enseignement social de Léon XIII.*)

Causerie sur les Grèves.

1° Qu'est-ce que la Grève ?

C'est généralement l'entente entre les ouvriers, d'une même profession, pour cesser le travail, à un même moment, afin d'obtenir, de leurs chefs : industriels, usiniers ou commerçants, l'élévation du prix de leur salaire ou la diminution d'un travail excessif.

Aujourd'hui (1904), il faut ajouter un motif : le renvoi d'un chef trop dur ou blessant la dignité des ouvriers.

2° La Grève est-elle cela en réalité ?

Je crois que, si nous entendions les pauvres femmes des grévistes, elles donneraient peut-être d'autres raisons. Certains chefs d'usine honorables pourraient aussi différer sur la valeur des motifs ; mais traitons la grève dans le sens sérieux qu'elle devrait avoir sans nous arrêter d'abord aux circonstances qui la font dévier de son but.

Et d'abord faut-il des grèves ?

Les grèves ne sont pas désirables certainement ; mais peut-on les éviter toutes ? non, pas plus qu'on ne peut toujours éviter la maladie ou la guerre.

Est-il vrai que les patrons soient toujours bien éclairés sur les besoins réels de leurs ouvriers ? est-il vrai que les prolétaires comprennent toujours leurs véritables intérêts ? Il est difficile de se prononcer d'une manière générale ; souvent, il y a des torts des deux côtés. Faut-il donc s'étonner que les travailleurs aient l'oreille prête à écouter des gens, se disant ouvriers, pour créer des grèves, dont ils vivent, aux dépens de ce travailleur dont ils n'ont plus que le costume ou le titre ?

D'après cela, doit-on souhaiter la grève ?

Non, jamais, puisque, même justement proposée, elle est le résultat d'un abaissement des salaires ou d'une injustice, contre laquelle il faut protester : trop fréquemment elle est le fruit des conseils que l'on subit sans s'être rendu compte de leur justesse. *En tous les cas elle est un malheur.*

Tout malheur est-il inévitable ?

Non, mais il demande que l'on emploie tous les moyens qui peuvent concourir à l'éviter. Ce qui a presque toujours rendu la grève antipathique, ce sont les violences dont ne tardent pas à se rendre coupables les grévistes mal conseillés par des meneurs, dont la grève sert les cupidités et les ambitions.

L'inoccupation des ouvriers les conduit fatalement à se réunir dans les débits de boisson où les fauteurs de désordres pérorent à leur aise. Là, surpris, désemparés, oisifs, n'ayant plus de contre-partie aux discours qui leur sont adressés, ils subissent une influence délétère. Les meneurs ont soin de faire des générosités aux plus turbulents ; ils en forment un parti qui prend assez d'ascendant, pour intimider la masse, qui les suit. On excite les ouvriers à se compromettre suffisamment pour n'oser plus se détacher des sections dans lesquelles ils se sont liés. Même quand ils souffrent de la privation du nécessaire et que les concessions primitivement demandées leur ont été faites, ils restent inféodés aux rudes maîtres auxquels ils se sont livrés.

La grève est-elle un droit ?

Les chefs d'industrie s'étant affranchis de la loi évangélique, qui leur imposait la paternité envers ceux qu'ils occupaient, les ouvriers eux aussi se sont écartés de la loi de soumission que leur imposait le principe chrétien. Deux intérêts opposés restent en présence, ne voulant reconnaître que les droits de l'homme et non les droits de Dieu.

L'ouvrier se range derrière l'Etat, qui a déclaré que la grève est un droit.

En réalité, beaucoup trop de gens refusent ce droit au travail, tout en s'accordant facilement celui de décliner l'emploi qu'ils ne trouvent pas assez rémunérateur ou la commande qu'ils ne trouvent pas suffisamment avantageuse.

Que les prix viennent à baisser, au profit de chacun, par le fait de l'application d'une découverte, réduisant la main-d'œuvre, c'est la loi de la marche en avant qu'on nomme le progrès ; il compromet souvent le sort d'une industrie, nul ne peut y résister.

Réduire les prix pour qu'un autocrate du commerce, comme il s'en trouve un peu partout, fasse fortune, aux dépens des autres, c'est un mal qu'il est bon de pouvoir enrayer.

Isolés, les ouvriers ne pourraient résister ; la grève, ou l'entente entre les ouvriers, pour conserver leurs droits, est une force ; et il faut compter avec elle.

Il en est de la grève, comme de toute liberté, elle a son bon côté et ses effets funestes.

Si nous considérons la grève comme un droit, combien de fois est-il pénible, est-il malheureux d'avoir à se servir de son droit ?

Attaquer en justice celui qui vous calomnie gravement est un droit : s'en servir indique que l'on a éprouvé une peine par cette offense. Se défendre dans un guet-apens est un droit, mais il prouve que nous étions en danger. Chasser le fils qui a menacé sa mère, est un droit : n'est-il pas douloureux d'avoir à se servir de son droit ? ne réfléchit-on pas cent fois avant de prendre cette détermination ?

Qu'il en soit de même pour les grèves ; les malheurs, qui en sont la suite, exigent que nous fassions tout le possible pour les éviter.

Calculons sagement, étant donné que la raison nous force à ce malheur, si les ressources accumulées permettent d'en supporter la durée. Réfléchissons et rappelons-nous qu'il ne nous est pas permis d'agir autrement que par la persuasion : nous n'avons aucun droit d'imposer la grève à ceux qui ne la trouvent pas nécessaire ou qui, chargés de famille, ne pourraient en supporter les souffrances.

C'est fausser le droit de grève, c'est le rendre antipathique que d'employer la violence et de forcer les travailleurs à y participer s'ils ne la croient pas légitime. Chacun doit rester libre, puisque nous demandons à l'être nous-mêmes.

Que faudrait-il pour éviter beaucoup de grèves ?

Il faudrait d'abord que l'ouvrier fût instruit, dès l'école, de ses véritables intérêts, par des brochures écrites dans un style simple, précis, lui donnant des idées vraies sur l'organisation du travail.

Je ne veux pas parler de ces livres qui donnent toujours raison aux plus riches ou aux plus puissants, craignant de bien préciser le droit de chacun, prêchant toujours la résignation ou la soumission au plus faible.

Ces livres présentent la grève, même la plus juste, comme une révolte ; ils repoussent toute idée de participation aux bénéfices comme impossible ou déraisonnable, malgré les heureux exemples qu'en ont donnés certains chefs de maisons sensés et vertueux. Ces livres-là sont entachés d'un esprit de partialité que le meneur exploite devant l'ouvrier, déjà défiant ; il s'en fait une arme pour le conduire à la révolte en lui en montrant l'exagération et le parti pris. « Nous sommes, dit-il, jugés d'avance. »

On doit à tous la vérité ; c'est par elle que l'on peut donner des enseignements sérieux, sévères pour persuader aux ouvriers que, s'ils ont des droits, ils ont des devoirs plus grands encore et qu'ils doivent remplir les uns pour mieux défendre les autres.

On doit reconnaître aux travailleurs le droit de demander un salaire raisonnable, leur donnant la nourriture nécessaire, le logement suffisant et le moyen de penser à leurs vieux jours. Mais il faut leur dire qu'ils ont tort et cessent d'être intéressants quand ils veulent bonne chère, petit travail et ton arrogant.

Oui, c'est dès l'âge de quatorze à seize ans, qu'il est utile d'enseigner aux futurs ouvriers que, pour avoir de véritables droits, il faut pratiquer les vertus qui les donnent : travail régulier et persévérant, ordre, économie et sobriété, politesse et déférence.

Il est de justice de leur dire aussi toutes les responsabilités qui incombent à l'industriel ou à l'entrepreneur voulant obtenir des travaux importants, sans lesquels les travailleurs seraient en chômage ; il faut leur détailler les tracas que suscite la conduite d'un nombreux personnel, leur faire comprendre la précision des calculs devant fournir des prix suffisants, sans lesquels une usine ne pourrait subsister. L'ambition d'obtenir de grands travaux, quand même, a souvent produit ce résultat funeste.

Il faut rappeler sagement et sainement aux travailleurs, que cet entrepreneur qui les fait rentrer à la cloche, doit à telle heure attendre, ganté, dans un ministère, dans une grande administration, le moment d'être reçu et écouté.

Cet homme que tout le monde salue dans son usine, s'incline à son tour, le sourire aux lèvres, devant Monsieur l'administrateur : le travail de l'usine en dépend.

Le tableau des démarches, des opérations, des espérances, des inquiétudes, des déboires de cet usinier, que les meneurs ne dépeignent que comme un jouisseur, un exploiteur, un buveur de sueur, serait un utile enseignement.

Que les ouvriers sachent bien que si leur patron se permettait, pour traiter les affaires, la raideur qu'ils mettent souvent à lui obéir, il serait exposé à perdre sa maison.

Combien de fois n'a-t-on pas entendu des travailleurs, parlant d'un ancien patron malheureux dans ses affaires, dire de lui avec un ton protecteur : « Ah ! oui, c'était un bon garçon, un brave homme, mais il n'avait pas de poigne ; chacun faisait ce qu'il voulait ; ce n'est pas avec le père Bouron qu'il faudrait marcher comme cela ; lui s'y entend, il a bientôt fait de serrer la vis. »

En sorte que le patron cité est toujours, comme jadis, l'homme sévère mais juste, quoiqu'un peu dur. Pour le bon patron, un peu faible, on le sert avec relâchement et s'il ne réussit pas, on a pour lui..., la pitié !

Mais, dira-t-on, les patrons ne subissent ces peines et ces humiliations que dans l'espoir de faire fortune. C'est vrai, pour la plupart des cas, mais le résultat n'est-il pas du travail pour le peuple ?

Peut-on demander à l'industriel le dévouement du religieux ? L'ouvrier travaille-t-il par désintéressement ? Comment laisse-t-il traiter ceux qui se sont dévoués pour ses malades ou ses enfants ? Il les a vu chasser, exiler, sans s'en émouvoir : il ne peut donc exiger le dévouement qu'il n'a su avoir.

Du reste si nous nous plaçons sur le terrain des revendications, nous n'avons plus le droit de parler de générosité : l'un n'en doit plus à l'autre. C'est le droit seul, en ce cas, qui fait la règle : le droit, dans toute sa rigueur ; le droit qui frise toujours l'égoïsme, l'injustice.

En somme, nous avons voulu une organisation laïque ; nous n'avons plus voulu de la loi de Dieu, mais seulement de celle des Droits de l'Homme.

Soyons francs et reconnaissons ce que nous avons obtenu : tiraillements, colères, esprit de révolte, excitation des appétits, concussions, haine des patrons, haine entre ouvriers, décomposition de l'esprit de patrie, augmentation des crimes, misère physique et morale !

Tout cela fomenté et entretenu par des meneurs devenus tous riches. Meneurs ouvriers, meneurs financiers, meneurs étrangers.

Meneurs ouvriers, qui vivent de la grève ; meneurs financiers profitant des grèves, pour hausser les prix ou écouler le trop-plein ; meneurs étrangers profitant de nos dissensions, pour prendre notre industrie ou faire déserter nos ports ! *Grèves de Marseille, Cette.*

Si l'Evangile était encore la règle commune, le chef d'usine comme l'ouvrier, recevrait l'enseignement du même livre qui dit au patron : « Sois paternel », à l'ouvrier : « Sois soumis », à tous les deux : « Soyez conciliants. »

La Révolution en 1791 a détruit sous prétexte d'égalité, mais par défiance, ce soutien réel des ouvriers : les *Corporations.*

Comme il faut s'unir, les anciennes Corporations familiales ont été remplacées par des syndicats, dont l'esprit n'est, trop souvent, que révolutionnaire.

On ne va plus à l'église, c'est vrai ; mais on va à la Bourse du Travail, où les révoltés sont plus nombreux que les travailleurs.

Là, les orateurs s'agitent, les auditeurs s'émeuvent, se forment en bandes menaçantes guidées et soutenues par les meneurs.

Le résultat de tout ce bruit, de cette fièvre,

c'est le chômage pour l'ouvrier et la misère pour
sa famille.

Etait-ce vraiment la peine de tant légiférer, de
tant parler de question sociale pour remplacer,
par la révolte stérile, une organisation simple,
fraternelle, qui aidait ses membres efficacement
et les soutenait moralement.

L'Union des Travailleurs.

Le congrès que les mineurs prussiens viennent d'organiser à Berlin, emprunte une importance exceptionnelle
à ce que pour la première fois en Allemagne, syndicats socialistes (60.000 membres), syndicats chrétiens
(40.000 membres) et syndicat libéral (1.000 membres) se
trouvaient réunis pour prendre d'un commun accord les
mesures destinées à protéger les intérêts primordiaux de
la profession.

Ces intérêts étaient en effet gravement compromis. Les
salaires qui, en 1903, s'élevaient à 5 marks 33 dans le
bassin de la Ruhr, étaient tombés, en 1904, à 4 marks 87,
tandis que, par ailleurs, le coût des moyens d'existence s'était sensiblement accru. Cette économie sur la
main-d'œuvre avait permis d'augmenter la part qui reve-
nait au capital, et la moyenne des dividendes distribuée à
certains actionnaires s'était élevée pendant la même
période de 7,42 à 10,53 %..

On se souvient de la fameuse grève qui éclata au
mois de janvier dernier. Tous les mineurs chrétiens ou
socialistes marchèrent pleinement d'accord en vue d'une
action commune. Sur la proposition de l'Administration
supérieure des mines, ils envoyèrent des délégués au
bureau de conciliation du Tribunal de l'industrie minière,
pour que celui-ci devînt l'arbitre du différend, mais les
patrons ne voulurent pas même discuter.

La formidable armée des ouvriers mineurs sut garder

jusqu'au bout le calme et la dignité qu'elle s'était imposés comme règle de conduite.

A la fin, cependant, il fallut céder : leurs ressources étaient épuisées, mais non celles de leurs très riches employeurs. Ils obtinrent cependant du Gouvernement prussien la promesse qu'un projet de loi réglementant le travail des mines serait prochainement déposé.

Il le fut, en effet, et le Congrès des mineurs avait pour but d'examiner les dispositions qu'il contenait. Bien que ce projet comprenne un certain nombre d'améliorations, il est loin de donner complète satisfaction aux ouvriers.

Marcel LECOCQ,
du Peuple Français.

En 1846, les ouvriers gagnaient de 3 à 4 francs par jour : aujourd'hui, la journée, pour une durée plutôt moindre, leur est payée de 5 à 7 francs. Tout en regrettant les grèves, parce que, au lieu de s'arrêter aux réclamations légitimes, elles deviennent trop souvent des révoltes ; pensez-vous que ce soient les patrons qui, prévoyant l'enchérissement de toutes choses, auraient, d'eux-mêmes, augmenté les salaires ?   L. D.

De la
Participation aux Bénéfices.

Que pensez-vous des grandes Compagnies dont les actions ont doublé?

Je répondrai que, pour nombre d'ouvriers, le fait qui les choque, c'est l'élévation exagérée de certaines actions. Telle valeur qui a été émise à 500 francs a pu arriver à 2.000 et même 5.000 francs, rapportant à 3 o/o l'intérêt de 150 francs, tandis que la valeur nominale à 5 o/o ne devrait produire que 25 francs. Il y a donc, à première vue, une disproportion scandaleuse que l'ouvrier pense avoir été prise sur la valeur de son travail.

La question est complexe et demande à être expliquée :

1° Les souscripteurs qui ont pris les premières actions, au début de l'affaire, se sont exposés à tous les risques de chance ou de malchance ; si les uns ont réussi, d'autres spéculateurs ont vu diminuer leur capital ou se sont même ruinés : tels, les souscripteurs du Panama, des chemins de fer du Sud et de mille autres entreprises de mines ou d'industrie.

Les ouvriers de ces exploitations ont-ils eu

l'idée de venir en aide à ceux que leurs souscriptions avaient ruinés, ont-ils seulement pensé à les plaindre ? Non.

Puis il est rare que ceux qui possèdent ces actions à l'heure actuelle, soient les mêmes que les acquéreurs au début de l'affaire : les spéculations malheureuses, l'oisiveté, l'inconduite, la mort les ont souvent fait vendre. Celui qui les a achetées ensuite les a acquises à un taux ne rapportant plus que 3 o/o.

De plus, les ouvriers ne pouvaient-ils s'entendre à vingt, trente ou cinquante pour acheter cinq, dix de ces actions, leur donnant le moyen légitime de contrôler et de faire augmenter les gains de leurs frères, en modérant les appétits des spéculateurs ; *mais ils n'ont pas osé y avoir confiance et n'ont rien voulu risquer.* Si les travailleurs, chargés de famille, ne pouvaient devenir acquéreurs de parts d'action, combien d'ouvriers jeunes et libres de toute charge auraient pu économiser, sur les dépenses inutiles, la petite somme nécessaire à cette fin !

Je sais bien que l'ouvrier ne peut penser aux actions de Compagnies minières ou de chemins de fer, ayant besoin d'un capital d'études déjà considérable (toujours absorbé, quand même, puisque cette étude est une précaution indispensable pour savoir si l'on doit engager ses fonds), mais il pourrait essayer le système avec les entreprises de terrassement, de charpente ou d'industries briquetières, plâtrières, etc.

Je ne parle pas là d'une chose impossible.

En consultant le livre (1) *Les Associations ouvrières de production,* on peut voir que par l'entente intelligente, *dégagée de tout esprit de politique,* ces Associations florissent depuis 1848.

Il faut dire que les ouvriers, faisant partie de ces Associations, se sont triés entre hommes d'ordre, d'énergie, de volonté, d'intelligence, de conduite régulière, ayant écarté les phraseurs, buveurs, geigneurs, discutailleurs et noceurs.

Ayons confiance : quand les ouvriers se choisissent pour travailler en commun, ils sont sévères.

Les gens sérieux doivent, aujourd'hui, comprendre qu'il est temps d'intéresser l'ouvrier à l'usine, à la mine, aux Compagnies : c'est le seul moyen de l'arracher aux exploiteurs collectivistes.

Il faut que cet homme soit lié à la réussite de l'entreprise à laquelle il appartient, qu'il sache qu'il travaille aussi pour lui, en collaboration multiple, mais en collaboration.

Je ne dis pas qu'on intéresse tout le monde, mais les hommes reconnus intelligents, honnêtes, consciencieux ; les ouvriers qu'un chef d'usine capable aime à appeler ses collaborateurs : il sait faire un choix qui est un encouragement et un exemple.

On m'objectera qu'on a essayé de rendre les mineurs propriétaires de leurs maisons, que, à Tours, un grand industriel a intéressé ses

(1) Imprimerie Nationale, Paris.

ouvriers de la façon la plus large, la plus généreuse et que, cependant, ils ont voté contre lui
politiquement.

Ce grand industriel a fait le bien ; il est entré
dans la voie réelle qui peut éclairer et sauver le
travailleur ; mais le nombre dérisoire des usiniers qui l'ont suivi a pu enhardir les fauteurs
de désordre : ceux-ci ont pu persuader l'ouvrier
que cette exception n'était rien contre le principe. Néanmoins, cette maison a évité les grèves.

Le chef des usines du Val-des-Bois a eu plus de
bonheur : il s'est mis à la tête d'un généreux
mouvement, dès l'origine de l'action ouvrière,
en prenant l'Évangile comme ligne de conduite,
pour lui et les siens.

Ce grand industriel et ses ouvriers ont senti
les bienfaits de leur entente et lorsque les grévistes sont venus pour persuader aux travailleurs qu'ils devaient se révolter contre leur chef,
ils ont été reconduits rudement jusqu'à la sortie
du village.

Revenons aux grandes Sociétés et aux Compagnies.

S'il arrive qu'une entreprise prospère, que ses
actions s'élèvent à 1.000 ou 2.000 francs, malgré
les risques qu'elle a courus, la chance qui en
résulte pour le possesseur n'est-elle pas légitime ?

Si je suis heureux que le travailleur qui a pris
une ou deux obligations de la Ville gagne au
tirage un lot de 1.000 à 10.000 francs, sans avoir
couru aucun risque, peut-il raisonnablement être

jaloux de la réussite de celui qui a eu tous les aléas et lui a produit du travail ?

Dans un autre ordre d'idées, quel est donc l'honnête et habile ouvrier qui, ayant pu de ses économies s'acheter avantageusement une petite maison, ne voudrait pas en élever le prix de vente si, par l'effet d'une nouvelle voie de traction, électrique ou autre, son petit domaine avait triplé de valeur ?

L'ouvrier n'a pas le droit de réclamer à une Compagnie, par le fait de sa réussite, un salaire plus élevé que celui alloué par celle payant convenablement ses ouvriers.

Ce qu'on peut exiger, c'est qu'elle donne, à ceux qu'elle occupe, un salaire leur permettant de s'entretenir eux et leur famille et, avec de l'ordre, assurer le repos de leur vieillesse.

Mais est-il bien sûr que, sans certaines grèves, l'ouvrier aurait pu obtenir ce qu'il a aujourd'hui dans les mines, dans les forges ou dans les verreries ?

Ne reste-t-il pas des Compagnies, offrant de beaux dividendes à leurs actionnaires, qui donnent à leurs ouvriers manœuvres un salaire dérisoire de 3 fr. 50 à 4 francs par jour, ne leur permettant pas de nourrir réellement leur famille, sans les secours de l'Assistance publique ? Certaines administrations font donc payer, en partie, par d'autres, le travail qui leur est fourni.

Mais, me direz-vous, n'y a-t-il pas là la loi de l'offre et de la demande ?

La loi de l'offre et de la demande est une loi

commerciale et non une loi sociale et morale.
Or, si les Sociétés rejettent, quand il leur con-
vient, la loi morale, les ouvriers ne peuvent-ils
pas prendre le même droit à leur heure, pour
réclamer le salaire indispensable ?

Il ne faut donc pas leur donner le mauvais
exemple : personne n'a le droit de se mettre
au-dessus des lois morales.

Si les Compagnies avaient compté, dans leurs
frais généraux, le salaire raisonnable, dû à leurs
ouvriers, les bénéfices ayant été moins grands,
la spéculation n'aurait pas pu porter les actions
du taux de 500 francs à celui de 1.500 ou
2.000 francs.

Ce que je dis ne peut être appliqué, par l'ouvrier, aux Compagnies ne faisant que peu de
bénéfices, ou même peut-être pas leurs frais.
Mais, sans être généreux, un homme sage pré-
voit les difficultés qu'il peut se créer si ceux
qu'il occupe n'ont pas un traitement convenable.
Les Compagnies (1) doivent avoir la même prévoyance pour éviter les grèves. Il serait même
mieux qu'un sentiment humanitaire les excitât à
s'occuper plus sérieusement du sort de ceux
qu'elles occupent plutôt que de laisser l'amour
du gain les exposer à des révoltes que les meneurs
ne savent que trop exploiter.

Il ne faut pas d'exagération ni d'une part, ni
d'une autre ; ni de la part des actionnaires dans
le rapport de leurs capitaux, ni dans la valeur

(1) Voir ce qu'a fait M. Noblemaire pour les ouvriers
de la Compagnie Paris-Lyon-Méditerranée.

que les ouvriers voudraient donner à leur travail, en niant le service que rendent les capitaux et les capacités réelles.

*
* *

Combien de pays vivaient dans la pauvreté et l'indigence avant que tel homme ne fût venu y créer une industrie qui a enrichi la contrée ! Serait-il juste d'oublier l'état dans lequel on était avant l'arrivée de cet homme et de lui reprocher la réussite qu'il a méritée, la fortune qu'il a faite !

*
* *

Ce qui serait indispensable, surtout pour les prolétaires, ce serait de s'enrôler dans les Syndicats, dont le but est de diriger eux-mêmes leurs intérêts et non leurs passions. Ces Syndicats se reconnaissent à tous les moyens de conciliation qu'ils prennent d'abord pour éviter la grève et surtout dans le soin qu'ils ont de ne mettre à leur tête que des hommes de la corporation, reconnus intelligents et surtout très honnêtes ; — ils évitent de laisser pénétrer l'esprit politique et surtout les politiciens dans leurs différends.

C'est ainsi qu'ont appris à opérer les *Trade's Unions* en Angleterre et que, seules, les grèves indispensables peuvent se déclarer. Toutes celles que la politique ou l'ambition des meneurs pourraient faire naître sont rejetées.

Mais, je le répète, il serait utile que quelques conférences fussent faites, dès l'école, aux futurs ouvriers, pour leur donner les notions vraies du juste et de l'injuste dans ce qu'on appelle leurs droits.

Dans ces conférences, on pourrait d'abord leur parler de la nécessité réelle d'observer leurs devoirs envers eux-mêmes, envers leur famille, envers la société, puis leur montrer la différence essentielle qui existe entre les réclamations nécessaires et l'esprit de révolte et d'envie. Il faudrait signaler les grèves qui avaient un but utile, et celles suscitées seulement pour servir de marchepied à des ambitieux, devenus riches aujourd'hui, et bénéficiant même d'honneurs obtenus sur la ruine de nombreux ouvriers.

Faire la comparaison des Syndicats de travailleurs avec les Syndicats de politiciens serait nécessaire pour rappeler surtout à ces prolétaires si intéressants que tous les systèmes justes ne peuvent reposer que sur le travail régulier, intelligent, pénible même, pour être durables.

Il y aurait avantage surtout à inciter les ouvriers à s'unir, à s'associer pour devenir possesseurs d'une action ou de plusieurs actions ; cela les formerait à l'idée de la propriété, les relèverait à la hauteur de la participation aux intérêts de la Compagnie et les intéresserait en réalité. Pourquoi le travail persévérant ne pourrait-il avoir une meilleure part ?

Le travailleur serait conduit ainsi à préparer son avenir lui-même, *comptant moins sur l'Etat et sur les miroitantes promesses des socialistes.*

Ce serait le moyen intelligent pour une Compagnie d'être généreuse et de s'assurer la solidarité des ouvriers. Ceux-ci participant aux intérêts de l'entreprise, renverraient dans leurs grandes villes les politiciens venus pour se faire une popularité à leurs dépens en vivant bien, à l'hôtel, aux frais de ceux qu'ils étaient venus censément protéger.

Du reste, il n'y aurait pour les chefs de maison qu'à étudier l'organisation des magasins du *Bon Marché,* du *Louvre* et de la Société des Lunetiers, des Maisons Leclaire, entrepreneur de peinture, à Paris, Laroche-Joubert, à Angoulême, A. Piat, à Paris, Mame, à Tours, Japy, dans l'Est, Harmel, au Val-des-Bois, entre autres, pour se persuader qu'étant intelligemment généreux, on peut faire fortune et améliorer sensiblement la position de ses collaborateurs, ouvriers et employés.

Il faut arriver à étudier les moyens de rendre l'ouvrier possesseur ou petit propriétaire par le temps, la persévérance et la conduite.

Déjà on peut voir par l'œuvre des *Jardins ouvriers* combien on le moralise en l'habituant, lui, sa femme et ses enfants, à travailler, à économiser pour eux-mêmes.

Ce qui décourage l'ouvrier, souvent, c'est la privation d'un logis convenable, aéré, propre, dans lequel il puisse séjourner, se remuer, s'occuper, se récréer en famille. On le lui apprend, par ces jardins ouvriers dans lesquels il arrive

à se construire une maisonnette, dont il est le
propriétaire, et à cultiver des légumes pour
son existence.

Lorsque l'ouvrier verra qu'il peut être quelqu'un, espérer posséder, qu'il est chef de famille,
il ne jettera plus le manche après la cognée, se
disant : « Quoi que je fasse, je n'en aurai pas
plus à la fin de l'année. »

Pour ramener au vrai ce pauvre travailleur,
il faudra des efforts, de la persévérance ; on ne
réussira pas de suite : on lui a, d'autre part, trop
inculqué l'esprit de révolte ; les meilleurs d'entre
eux seulement commenceront à comprendre, le
reste suivra.

Il faut aussi que les administrateurs des Compagnies, que les chefs d'usine se rapprochent
de leur Dieu, de la morale sévère qu'ils ont tant
négligée, l'ouvrier se dira alors : « Puisque la
religion est bonne pour eux, elle est bonne
pour moi. » Depuis un siècle, il pouvait penser :
« Si la religion était vraie, ces beaux messieurs
la pratiqueraient. »

Les prolétaires oublient trop que ce ne sont
pas leurs meneurs qui leur créent de l'ouvrage ;
une preuve de ce que j'avance est l'incurie
générale que ces hommes ont des choses pra-
tiques d'où la déclamation et l'esprit de haine
sont exclus.

Il faut demander aux fauteurs de grèves,
devenus millionnaires, quelles industries ils ont
créées, quelles fondations humanitaires : hôpitaux, hospices, écoles, orphelinats, ils ont

établis ; ils ne connaissent pour cela que l'argent de l'Etat, c'est-à-dire l'argent des autres !

Vraie solution.

Un homme, très au courant des luttes sociales, causait avec nous ces jours-ci et nous redisait ce qu'on avait fait dans le groupe des usines Japy, de l'Est.

Convaincue qu'en faisant accéder l'ouvrier à la propriété, on consoliderait la paix ; à la suite de très graves conflits sociaux, la direction vendit aux ouvriers 300.000 fr. de parts de l'énorme capital. L'amélioration générale fut telle, par suite de l'état d'esprit des nombreux ouvriers, devenus partiellement propriétaires, que la direction porta à 3 millions la quantité de ces parts du capital librement rachetées par les ouvriers.

Le monde du travail est une famille : on doit l'organiser. Dans cette organisation, il est nécessaire que les patrons aient assez de désintéressement pour donner à l'ouvrier une situation qui l'intéresse à l'ordre et au succès. Et l'ouvrier doit avoir l'intelligence d'admettre la nécessité d'une direction forte et sage.

Quant aux intérêts divergents, ils doivent être réglés de gré à gré : la grève peut n'être qu'une extrémité tout à fait rare.

Franc, de la Croix.

Une Cause de la Dépopulation.

L'un de mes amis me disait :

— *N'êtes-vous pas effrayé de voir notre pays se dépeupler ainsi ? N'y a-t-il pas vraiment à réfléchir sur les causes qui produisent cette crainte de la famille ? Cette question ne vous a-t-elle jamais préoccupé ?*

— Mais si, j'y ai souvent pensé sérieusement : le remède à ce malheur ne me semble pas introuvable ; mais son application présente de sérieuses difficultés. A peine ai-je émis mes idées qu'on m'accuse d'être un socialiste, un utopiste ; puis, me dit-on : « Ce serait trop difficile, il faudrait trop d'argent : vous voudriez faire des rentes à tout le monde. » C'est-à-dire que, pour éviter d'étudier la chose, on la pousse à l'extrême, au ridicule. C'est ainsi que font habituellement les gens, quand ils se sentent embarrassés sur un sujet.

— *Pour moi, la question m'intéresse ; consentiriez-vous à m'exposer vos idées ?*

— Bien volontiers, Monsieur. Cette thèse me tient trop au cœur pour que je ne sois pas prêt de suite à la développer devant vous.

Quand le peuple était cultivateur, le nombre des enfants était une richesse. Le père présidait la grande table patriarcale, à laquelle s'ajoutaient les travailleurs qui y étaient admis.

Il y avait là, pour ainsi dire, un luxe de famille qui, lorsque le chef était laborieux, la femme économe, produisait, par l'émulation dans le travail, la richesse ou tout au moins l'aisance.

L'industrie a changé tout cela : l'ouvrier doit quitter la vie de famille pour s'encaserner dans l'usine. Un seul chef y conduit cent, cinq cents, mille travailleurs. Maintenant l'homme ne vit plus dans son foyer, près de sa femme, de ses enfants, de tout ce qui le moralise. Il travaille souvent près d'autres femmes que la sienne ; il répète les chansons, les propos qui lui viennent de littérateurs aussi avides d'argent qu'habiles flatteurs des passions.

Aujourd'hui, on laisse s'établir, à la porte de l'usine, des gens mercantiles qui, sous prétexte de nourrir l'ouvrier, ne visent qu'à l'empoisonner de boissons, de liqueurs pour faire les plus gros bénéfices ; ils lui enlèvent le meilleur de son gain, le pain de ses enfants, en favorisant le jeu, la débauche, tout ce qui peut l'étourdir.

Dans ces conditions, la famille n'est plus une richesse, mais un fardeau que l'on traîne. Il faut autre chose que des discours, des commissions parlementaires et des articles de journaux, pour venir en aide à celui qui traîne ce fardeau ; il faut répondre par des actes à celui qui pâtit et qui mérite dans l'accomplissement de son devoir.

Aussi l'Evangile, qui est juste, d'une justice divine, a de terribles passages pour ceux qui oublient le travailleur. L'Evangile dit : *Ce que vous faites au plus petit des miens, c'est à moi que vous le faites ;* il n'admet pas comme réponse à toutes les plaintes : « C'est la loi de l'offre et de la demande ; » l'Evangile ne sera jamais à la suite de la loi des « Trusts » ou de l'écrasement de la masse pour la satisfaction de quelques-uns. Je dois vous paraître bien socialiste, cependant suis-je avec l'Evangile ou contre l'Evangile ?

A Dieu ne plaise que je sois ou révolutionnaire, ou libre-penseur ; j'ai toujours enseigné à l'ouvrier, par la parole et par la plume, que rien ne le rendrait plus sympathique et plus intéressant que le respect de soi-même ; mais je ne crois pas que l'on puisse demander tout aux uns et rien aux autres.

Aucun homme ne vit sans devoirs et plus il a reçu de la Providence, plus il doit à Dieu et à ses frères. Je défends le droit des pères de famille et non la révolte ; mais aussi je ne prends pas la pitié pour la justice.

Ce n'est pas de l'ouvrier vaniteux, amoureux de ses aises, jaloux du plaisir des riches, que je m'occupe, de celui qui se rend intéressant dans les réunions publiques, en flattant ceux dont il veut se servir comme marchepied : celui-là est un exploiteur, un ennemi de ses frères, presque toujours un immoral, un révolutionnaire et pour cause : c'est un envieux.

Celui qui me préoccupe, c'est l'ouvrier modeste, travailleur, rangé, dont on ne parle, dans les clubs et les grèves, que pour exploiter les votes. Celui-ci est honnête, il produit du travail ; mais comme il n'est pas hâbleur, qu'il ne monte pas à la tribune, on ne pense jamais à lui, à sa femme, à ses enfants, comme si chacun d'eux n'avait pas un estomac à nourrir, un corps à vêtir et le besoin d'un abri. Il semble que seul, celui qui déclame pour avoir le superflu, doive être écouté.

Ce qui peut le plus surprendre, c'est que les ouvriers eux-mêmes se laissent séduire par ces déclamations ; flattés par les orateurs populaires, ils perdent assez le bon sens pour oublier leurs besoins réels et aider les travailleurs d'occasion à tromper les véritables travailleurs.

— Ce que vous dites, Monsieur, paraît juste ; vous avez des raisons qui ont leur valeur ; mais permettez-moi de craindre que votre trop grand désir de tout améliorer ne vous fasse tomber dans l'erreur qui fit tant de bruit en Angleterre : l'extinction du paupérisme ; Monsieur, êtes-vous bien pratique ?

— Il est vrai que je ne dois pas être pratique pour les gens satisfaits ; la question de la dépopulation est compliquée et difficile, très difficile. Aussi beaucoup pensent que, quand ils ont leurs aises, se préoccuper de la souffrance des autres est si ardu, si compliqué, si aride qu'il est plus facile de mettre perpétuellement à l'étude ou, comme on dit aux Chambres, renvoyer à la commission ce qui dérangerait trop notre tranquillité.

Quoi que vous en pensiez, je ne confonds pas le paupérisme et la pauvreté. L'Evangile dit : « Vous aurez toujours des pauvres parmi vous. » Or, je crois sincèrement à l'Evangile et suis persuadé qu'on n'éteindra jamais la pauvreté : nous ne devons jamais oublier de la soulager et de l'aider à donner à la société des sujets de bonne conduite, méritants, honorables même. Mais il y a une différence entre la pauvreté et la misère, entre la gêne et l'impossibilité de vivre, ce qui est le cas de nombre de familles chargées d'enfants (1).

— Je vous ferai remarquer, Monsieur, que : l'Assistance publique, la charité privée s'occupent continuellement de ces gens ayant une nombreuse famille ; de plus, nos législateurs préparent des lois très sérieuses pour leur venir en aide ; la presse même fait des articles très touchants et étudie toujours cette question.

— Je suis de votre avis ; il y a bien un siècle que ces Messieurs pensent de cette manière à aider à la famille. Les résultats qui ont été obtenus demanderont, peut-être, un autre siècle pour trouver leur application ; le peuple n'a pas les mêmes raisons que nous d'être patient.

Oui, nos législateurs, la presse se préoccupent périodiquement de cette question. Ils donnent des statistiques savantes ; ils font des compa-

(1) Les sept vices capitaux se chargeront toujours de produire la misère.

raisons avec l'accroissement de la population chez nos voisins ; ils nous menacent même de leur invasion par leurs nombreuses armées, qui pourront, à un moment donné, être jetées sur notre sol, de crainte d'être acculés à la famine ; alors ils nous engagent dès maintenant à respecter la famille, à l'augmenter. Comme ils sont beaux ces discours de sénateurs ! ces Premiers-Paris ! comme ils prennent la chose de haut et de loin !

Puis on pense à dégrever le père de famille d'impôts qu'il n'a pas, puisqu'il est trop pauvre pour se donner ce qui le ferait imposer, ou bien encore, à partir de son cinquième enfant, on fera quelque chose de spécial pour lui.

Ah ! c'est vraiment charmant ! ces bons Messieurs supposent que, dès son deuxième enfant, une famille n'a pas eu assez de frais pour être intéressante. Mais on a trouvé, dans ces derniers temps, quelque chose de très louable : décorer le chef d'une nombreuse famille !... cela lui aura bien servi pour élever les premiers-nés.

Enfin l'article Premier-Paris achevé sur la Dépopulation, le même journal nous parle de fêtes princières, de divertissements de quartier, du progrès du confortable, de la vie heureuse et facile, des courses, des paris, des grandes mondaines, de tout ce que l'on doit éviter quand on a une nombreuse famille.

Après cela le journal peut dire qu'on a plaint l'ouvrier chargé d'enfants. C'est ainsi qu'on a travaillé la question depuis un siècle et que tout est retombé dans l'oubli.

Oui, les difficultés sont les mêmes qu'il y a cent ans ; plus fortes qu'il y a cent ans ; les familles nombreuses souffrent toujours des mêmes privations et, en plus, des besoins factices que la société s'est créés, tabac, liqueurs, etc. ; il reste toujours des sénateurs pour faire des discours, des journalistes pour faire des Premiers-Paris ; la vieille romance sera encore chantée pour la famille, mais ne produira plus que l'effet d'une vieille romance.

— *Mais je vous le répète, Monsieur, l'Assistance publique, la charité privée, l'assistance maternelle, les crèches municipales fonctionnent, que voulez-vous de plus ?*

— Ce que je veux de plus, c'est qu'un sentiment de justice pénètre les classes dirigeantes ; ce que je veux de plus, c'est que l'Assistance publique, la charité privée, les crèches municipales, ne soient utilisées que pour les exceptions, qui ne disparaîtront jamais ; car il y aura toujours des veuves, des abandonnés, des familles dont le chef sera devenu un vieillard, un infirme ou un indigne. Ce que je demande comme une justice, c'est que tout homme qui donne un serviteur à la société, un défenseur au pays, un gardien à la propriété, ayant ainsi fait son devoir envers Dieu, envers la patrie, ne soit pas de ce fait voué à l'Assistance publique, à la charité privée, à la *protection facultative* de ceux à qui il aura été utile.

Ce que je demande enfin, c'est que cet homme reçoive, de la commune, une indemnité de trente, quarante à cinquante centimes, par jour et par enfant, jusqu'à ce que l'aîné ait atteint sa douzième année, dès qu'il sera prouvé que ce père de famille ne gagne pas plus de trois à cinq francs par jour ; suivant le minimum nécessaire pour vivre, dans cette commune.

Pourquoi tant de respect pour les droits de ceux qui en prennent à leur aise, pour les gens qui ne donnent que deux, un ou point d'enfants à la société et qui disent, avec un air sévère, à l'ouvrier : « N'êtes-vous pas fou d'avoir autant d'enfants ? »

Fréquemment on garde seulement un intérêt oratoire ou spéculatif pour les citoyens qui donnent au pays le plus grand nombre de ses sujets.

— *Mais, Monsieur, vous voulez retirer au père de famille sa responsabilité ; vous insinuez au pauvre qu'il a droit à l'aumône, ce qui est faux.*

— D'abord, je vous répéterai que je n'admets pas le mot aumône pour un homme qui répond à ce que lui demandent la loi de Dieu et la loi sociale, il y a, avant l'aumône, la loi de justice envers tous... Quant à dire que le pauvre n'a pas droit à l'aumône, je suis de votre avis ; mais je vous réponds que l'Evangile fait une loi, à celui qui possède, de soulager celui qui souffre et qui peine. Comment les égoïstes observent-ils cette loi, au point de vue chrétien et que font-ils au point de vue social ?

Remarquez-vous aussi que je ne vous parle

pas du pauvre en général mais de l'homme qui a une famille et qui, de ce fait, est presque toujours plus que pauvre.

— *Mais c'est du socialisme, de l'abus, du gaspillage, ce que vous proposez là. Ne craignez-vous pas d'encourager l'imprévoyance, la fainéantise, l'ivrognerie ?*

— Ceci est bien vite dit. Il est facile de se dérober ainsi aux plaintes de celui qui souffre. Je vous ferai remarquer que vous ne m'opposez que des craintes et non des raisons.

— *Mais, Monsieur, si vous parliez encore de familles de six à huit enfants, je comprendrais.*

— Il est probable que vous oubliez, que, dès que le premier-né arrive dans une famille ouvrière, la femme ne peut plus apporter que la moitié du salaire primitif, à moins qu'elle ne confie son enfant à une étrangère, qui lui prendra trente à trente-cinq francs par mois si tout va bien, davantage s'il y a accident de santé.

Vous pensez que quinze francs, au maximum, donnés par la commune, peuvent en compenser quarante dépensés sûrement, et qu'ils peuvent encourager la paresse, l'ivrognerie, le désordre.

Mais que direz-vous s'il y a cinq enfants ? Alors au lieu de cinquante centimes rentrant dans la famille, il serait reçu deux francs cinquante. Quel scandale ! Pourtant, voilà une femme, qui du fait de cette indemnité, pourrait rester dans son intérieur, soigner son ménage, le rendre agréable ; elle pourrait laver le linge, réparer les vêtements, faire la cuisine pour son mari et ses enfants ; en un mot, reconstituer la famille ; vous craignez que ces deux francs conduisent à l'ivrognerie, à la fainéantise ?

Eh bien, moi, je pense le contraire ; je sais que le désordre, la malpropreté, les nombreuses difficultés qu'amènent les enfants, découragent nombre d'hommes, un peu faibles. A moins d'héroïsme, ils trouvent que tout est négligé, sale chez eux et qu'il n'y a que hors de la maison que l'on trouve de la lumière, du linge blanc, des mets engageants, de la boisson, du jeu, de la gaîté ; que, en somme, la morale est trop triste et la famille une servitude.

Tenez-vous bien compte de ce que la misère continuelle amène de débauche par la désertion du foyer ? quel grand bien ce serait d'y garder le père de famille ou de l'y ramener.

— *Mais, Monsieur, dans la campagne, il y a peu de gens chargés de famille qui soient dans la vraie misère ; ils ont généralement une petite maison, une cabane ; ils y vivent dans la pauvreté, il est vrai, mais la commune a soin d'eux, les considère, chacun cherche à leur venir en aide.*

— Alors passe pour ceux-là, passe pour ceux même à qui on donne un petit terrain qu'ils cultivent et qui les nourrit ; je ne me rive pas à un procédé ; mais, autour des usines et dans les grandes villes, on ne peut donner de la terre à tout le monde et quand même on le pourrait, ce n'est pas à un, deux, trois et quatre ans que les enfants peuvent être utiles à leurs parents même à la campagne...

— *Cher Monsieur, il y a des ouvriers qui gagnent huit et dix francs par jour et dont l'inconduite ne laisse à la maison que dénuement, misère physique et morale* (1).

— Oui, Monsieur, je sais aussi que le vin qui peut aider à la nourriture de l'homme, lui donner un entrain raisonnable, égayer ses fêtes les plus respectables, peut faire des ivrognes, des violents, des brutaux ; faut-il interdire pour cela l'usage du vin ?

Toute amélioration est difficile, demande à être étudiée, sagement appliquée, c'est certain. Mais de même que les bureaux de bienfaisance cherchent des administrateurs honorables, de même les répartiteurs de *l'allocation de justice* que je demande, pourraient être choisis par la commune, parmi les pères de famille les plus recommandables.

Ils pourraient appeler devant leur conseil les chefs de famille qui auraient abusé de l'allocation de la commune, les avertir, les réprimander, les punir même d'avoir abusé de la confiance publique.

C'est ce qui s'est fait convenablement en 1870, durant le siège, par les conseils de famille.

— *Oh ! mais vous y allez bien ! l'intrusion dans la famille, la punition ! eh ! mais où allons-nous ?*

(1) Voir à la fin du chapitre.

— Pas si loin que vous le pensez. Ne fait-on pas cela pour l'admission au bureau de bienfaisance, à l'Assistance publique, aux maisons de retraite.

Quant à la punition, mais des lois sont faites pour celui qui n'enverra pas son enfant à l'école ; qui étant ivre, sera conduit au poste, et ces lois sont applicables, non par un conseil de famille paternel, mais par la police. Je ne suis donc pas si sévère que les lois qui existent.

— Tout cela est aisé à dire, mais enfin où prendrait-on tout l'argent qu'il faudrait pour satisfaire à ces nouveaux frais ?

— Ceci est d'un autre ordre d'idées ; la chose est-elle juste ou fausse ? Je sais d'abord qu'il y a quelqu'un qui doit trouver l'argent nécessaire pour élever les siens : c'est le père de famille. Comme il n'est pas assez puissant pour se faire entendre, il trouve l'argent en se privant, en peinant, en souffrant, et voilà pas mal de temps que les sénateurs et les journalistes de la nuance la plus socialiste et la plus écarlate, le laissent souffrir, parce que cet honnête homme n'est pas un électeur influent.

Eh bien ! je viens vous dire où on trouverait l'argent.

D'abord, en demandant à l'Assistance publique, ce qu'elle alloue, comme aumône, aux nombreuses familles, quelles qu'elles soient, respectables ou non, puisqu'elle doit s'occuper de toutes les misères et non d'une spécialité intéressante.

2° En affectant à cela ce que le budget de l'instruction publique dépense pour donner la gratuité à ceux qui peuvent payer largement l'instruction des leurs.

— *Mais, Monsieur, puisque tout le monde paye pour l'instruction publique, n'est-il pas juste que chacun bénéficie de la gratuité ?*

— A cela je réponds : Tous ne participent-ils pas au budget de l'Assistance publique, en concluez-vous que chacun puisse en user ?

3° Enfin en lui réclamant, pour nourrir les enfants du travailleur, ce qu'elle gaspille pour remplir ses lycées de boursiers.

Ces boursiers deviennent, trop souvent, nos journalistes les plus corrompus, nos courtiers d'élection, nos conseillers municipaux et nos députés arrivistes, et surtout ces employés d'administration augmentés de 200.000 depuis vingt ans, pour satisfaire les créatures gouvernementales.

Je ne veux même pas parler des lycées de femmes qui font d'autres déclassées.

Puis enfin les communes remplaceraient, par ces allocations, ce que produisaient aux pauvres les biens communaux, qui étaient la ressource naturelle des familles chargées d'enfants.

Les raisons que je viens d'énoncer me susciteront bien des contradictions ; mais je ne vise pas à la popularité, je cherche la justice.

— *Monsieur, tout cela ne suffirait pas, il faudrait encore de nouveaux impôts pour obtenir ce qui manquerait encore.*

— Soit, mais, ce que je demande est-il juste ou injuste? Et avant de refuser ce qui est juste, ne faut-il pas examiner ce qui pourrait être sagement diminué pour le remplacer par ce qui est utile?

Quand la société prélève les impôts parce qu'il nous faut des magistrats pour la faire respecter, des gendarmes pour la défendre, des instituteurs pour l'instruire, des hôpitaux et des hospices pour l'assister, ne demande-t-elle ces impôts qu'aux cœurs généreux, aux bien disposés? — Non, elle examine ce qui est indispensable à sa tranquillité, à son bien et elle vote des impôts que *paieront les égoïstes comme les généreux.*

Pourquoi ne ferait-elle pas de même pour *l'allocation de justice* aux familles, qui dès lors ne pourraient plus demander ou mendier, avec des enfants, en leur donnant souvent l'exemple de la ruse ou de la paresse.

— *Mais, Monsieur, vous pensez, sans doute, à supprimer la charité privée?*

— Certainement non; il resterait encore trop à faire à la charité.

Elle pourrait, plus facilement, venir au secours de la misère cachée, l'aider à se relever; elle serait son intermédiaire entre ceux qui aiment à répandre des bienfaits et ceux qui sont dignes de les recevoir. Oui, la charité privée pourrait, surtout, donner au travailleur tombé dans le malheur par maladie ou infirmité tous les moyens de vivre dans sa famille, de s'y plaire, d'y être un bon

mari, un bon exemple pour ses enfants, un vertueux citoyen. Elle ne laisserait plus subsister que
cette misère qui n'aime que la fange. De même que
le crapaud se trouve mal à l'aise dans un bassin
de marbre et cherche à retourner dans la mare
où il se plaît, il ne resterait plus dans la misère
déshonorée que les êtres qui sont le rebut de la
société. Il y a pour arriver à cela, de grandes
difficultés, me direz-vous ; je le sais, mais ce
n'est pas une raison pour négliger de les étudier, pour chercher à les vaincre.

Supposez qu'on ne puisse donner l'allocation
de justice à toutes les familles chargées d'enfants, on commencerait, suivant les ressources
de la commune, par les plus méritantes ; cela
moraliserait la localité et serait un encouragement à l'ordre, à la sobriété ; ce qui nous manque,
puisque, au nom de la liberté, on a laissé se dou-
bler les débits de boisson, et les encouragements
à l'immoralité.

Il faut, avant tout, honorer la pauvreté, puisqu'il est impossible que tout le monde soit riche :
si tout le monde était à l'aise, chacun se refuserait
à faire ce qui est trop pénible ; le mouvement de
la société serait en arrêt. Si commencer à aider
le père de famille, dès le premier enfant, est trop
difficile, qu'on commence au deuxième, au troi-
sième ; mais il faut aller directement au père de
famille et éviter le plus qu'on peut les rouages
de l'administration.

L'administration, sans que je veuille lui en
faire un trop grand crime, prend pour rémuné-

rer son personnel, la moitié de ce qui lui est remis pour l'Assistance. Ne travaillant pas au nom de la charité, mais administrant seulement, elle ne peut faire autrement que de payer ceux par lesquels elle administre. C'est pourquoi je n'ai parlé que de conseils de famille, dont feraient partie les personnes les plus respectables ; refusant toute sorte d'indemnité et n'acceptant que l'honneur d'être utiles à leurs semblables : de ces hommes de cœur et d'honneur, il n'en manque pas, Dieu merci !

Du reste, le choix devrait en être fait par tous les chefs de famille de la commune : ils auraient tout intérêt moral et pécuniaire à ne se prononcer que pour des hommes intègres et dévoués.

Ce serait, pour ces élus, un honneur, qui les signalerait, au respect, à la reconnaissance de leurs concitoyens et à l'affection de tous les gens de bien.

Pour résumer toutes les raisons, on peut dire : « Qui veut une bonne armée doit savoir la nourrir. »

Qui veut augmenter la richesse de son pays, doit le peupler de citoyens intelligents et virils. Il doit, pour cela, veiller à ce que ceux qui lui donnent ses plus nombreux sujets ne soient pas irrémédiablement voués à l'indigence.

Beaucoup de personnes disent facilement : « Quand les ouvriers gagnent plus, ils dépensent plus ; ils ne savent jamais économiser ». Ce jugement est vrai pour trop d'entre eux ; cependant il en est encore plus pour qui il est difficile de rien épargner même en y mettant de la bonne volonté.

Prenons, comme exemple, un ouvrier ordinaire ne gagnant pas plus de cinq francs par jour et le nombre en est grand ; il se fera pour 300 jours de travail 1.500 francs.

— Mais, il peut travailler plus de 300 jours, dites-vous.

— En êtes-vous bien sûr ? quand on a déduit de 365 jours, les fêtes chômées en semaine, les enterrements, les malaises, maladies ou accidents, le chômage, à moins qu'on exige qu'il travaille les 52 dimanches, il ne reste que 300 jours payés.

Si cet homme est célibataire, son petit déjeuner, ses deux repas, le goûter imposé de quatre heures lui coûteront pour l'année...................................   950   »

Le logement 200 francs, les étrennes, le coiffeur, accidents, menus frais.........................   300   »

Vêtements 80 francs, blanchissage 40 francs, chaussures 40 francs, coiffure 10 francs...   170   »

Menus plaisirs 55 francs, tournées de camaraderie imposées 25 francs.................   80   »

————————
1.500   »

Voilà donc, sans excès, un budget qui ne fait que s'équilibrer. Faut-il encore que cet homme soit d'une conduite régulière, qu'il ne se permette pas d'être indisposé, qu'il soit presque un modèle. — Sommes-nous tous des modèles d'ordre et de sobriété ?

— Mais s'il était marié ? — Sa femme travaillerait et il arriverait. — Ah ! mais il faudrait que ni lui, ni sa femme ne fussent malades. — Quelles économies pourraient-ils faire ? — Seriez-vous heureux de travailler toujours sans pouvoir rien réserver pour vos vieux jours ?

Et maintenant, s'il vient des enfants dans ce ménage régulier ? deux, trois, quatre, cinq enfants ?... Reconnaissez-vous qu'il est forcément obligé de se faire secourir ?

Sommes-nous bien sûrs que, à sa place, nous ne jetterions pas le manche après la cognée ?

Accepterions-nous, avec résignation, ce rôle d'indigent social ?

Combien d'ouvriers ne gagnent pas plus de cinq francs par jour à Paris ? Combien ont été préparés, par leurs familles et par la société actuelle, à être des héros ignorés ?

Des Sociétés Coopératives de Travail.

Si j'avais eu le talent nécessaire pour me faire connaître et me faire une réputation près des travailleurs, je m'en serais servi pour populariser un livre publié sous le titre : *Les Associations ouvrières de Production,* Paris, Imprimerie Nationale, 1897.

Ce livre, écrit sans esprit de parti ni politique, ni religieux, est un tableau fidèle, mathématique des diverses associations de travailleurs ; il peut être l'enseignement le plus vrai, le plus utile qu'on puisse désirer pour le bien réel des ouvriers refléchis.

On peut y voir l'histoire, le mouvement, les résultats bons ou mauvais des associations et de leurs grèves.

On y trouve, d'une part, le récit des manières de faire, des engouements, des passions, des révoltes, des entraînements suscités par des meneurs, se disant ouvriers, pour faire leur chemin politique. D'autre part, on y peut constater l'activité réfléchie d'hommes honnêtes, travailleurs, intelligents, persévérants, sobres, ayant organisé avec ordre et justice des sociétés de travail, qui, malgré de rudes épreuves, furent couronnées de succès très mérités.

Quelquefois même nous y rencontrons le récit sérieux, mouvementé, de grèves organisées dans le but légitime d'obtenir l'augmentation de salaire nécessaire à la compensation du renchérissement de toutes choses. A telle époque c'était l'élévation exorbitante du prix des loyers, puis celle des denrées, des produits de consommation et même des plaisirs indispensables, tels que l'air de la campagne et la vue moralisatrice de la nature.

Certes, la lecture d'un pareil livre produirait un effet bien salutaire sur la réflexion des ouvriers. Comment se fait-il qu'il soit si ignoré et que les chefs d'industrie ne s'emploient pas à en favoriser la lecture, en l'offrant aux bibliothèques populaires et surtout à quelques sujets intelligents, entraînants de parole et bien intentionnés.

Ce livre éclairerait sainement le travailleur, et quand on viendrait lui dire : « Une ère nouvelle va s'ouvrir : vous touchez au terme de votre vie de labeur excessif. La vieille société, qui n'a jamais été, pour vous, qu'une marâtre, est à l'agonie : il est temps que se lève l'aurore du régime qui doit vous apporter le bonheur, » l'ouvrier, assagi par l'étude des expériences faites par ses Anciens, pourrait répondre par les faits et les chiffres : il aurait des raisons palpables à opposer à ceux qui, par nature, sont si enclins à prendre leurs illusions pour des réalités et comme le chien de la fable : à lâcher la proie pour l'ombre.

C'est pour dessiller les yeux des rêveurs du bonheur facile, bonheur que trop ne veulent obtenir que par la révolte et la violence, que j'engage ceux qui occupent l'ouvrier, à l'instruire et surtout à lui donner les moyens de se renseigner lui-même sainement sur la question sociale. Il verra qu'il faut demander le bonheur à l'équité, à la régularité, à la sobriété, à l'épargne, à la persévérance, et non à la rébellion.

Qu'on le veuille ou ne le veuille pas, il faut aujourd'hui composer.

On a voulu la liberté de la presse, l'instruction pour tous, ce qui est bien, mais l'instruction développée sans mesure ; il faut en accepter les conséquences logiques.

On s'est affranchi, en haut comme en bas de l'échelle sociale, des principes chrétiens ; il faut que les hommes intelligents qui se chargent de donner le mouvement à la société, trouvent le moyen de les remplacer ou de les ramener.

Les extraits, bien réduits que je donne de ce livre susciteront le désir de le connaître réellement : nul doute qu'un utile profit ne soit le résultat qu'en recueilleront ceux qui prendront la peine de l'étudier, si même, ils n'y trouvent pas la création de leur avenir.

Page 147me de ce livre. — La *Lithographie parisienne,* rue Corbeau, 77 *bis.*

En 1866, trente lithographes formèrent une Société

en commandite ; ils possédaient, en tout, 6.000 francs. Ils acquirent un fonds de 3.000 francs, situé dans le faubourg Poissonnière et commanditèrent deux gérants chargés de la direction de l'affaire.

Ils s'engageaient à laisser 2 francs par semaine, jusqu'à concurrence de 1.000 francs, pour devenir commanditaires des deux gérants.

En 1870, malgré un grand travail, ils durent déposer leur bilan avec 9.500 francs de dettes ; mais l'actif égalait le passif.

La chute provenait d'un trop grand désir de faire des affaires, qui avait fait négliger le contrôle sévère du crédit des débiteurs.

En 1874, M. Romanet fut nommé gérant et malgré le dévouement réel de ces travailleurs, en 1884, ils firent une seconde fois faillite.

Ils persévérèrent, malgré ces deux épreuves et, en 1897, l'Association ne devait plus rien.

Trois moyens produisirent ce résultat heureux.

1º L'entente complète des associés ;

2º Une retenue sur le salaire qui procura 10.000 fr. remboursables en 10 ans ;

3º Toute une série de contrats, bien faits, avec de grandes maisons d'édition.

Leur bilan de 1896 accusait pour 6 mois :

57.734 fr. main-d'œuvre payée.

209.500 fr. de matériel.

30.987 fr. bénéfices nets.

Ainsi, malgré les deux faillites, les sociétaires ont eu à se partager 330.507 à payer en huit ans par la nouvelle Société qu'ils ont formée. Chaque part de 1.000 francs était montée à 3.000 francs ; mais on avait eu la patience de ne jamais prélever d'intérêts. Réussite due à la déférence envers le directeur élu depuis 22 ans et conservé (chose rare) malgré les revers.

Page 173. — Ouvriers charpentiers de la Villette, 161, rue d'Allemagne *(Enfants du père Soubise).*

L'origine de cette Société provient de la grève des charpentiers en 1881.

Ces ouvriers louèrent à un charpentier, retiré des affaires, son vaste chantier et se nommèrent un Directeur auquel on adjoignit, comme sous-directeur, un jeune homme, M. Louis Favron, qui devait bientôt prendre la direction générale.

Ce changement se fit sans secousse, le premier directeur s'étant, de suite, effacé de lui-même. La bonne confraternité des compagnons n'ayant pas été étrangère au calme de la transition.

L'histoire de la Société de la rue Sainte-Blaise, à partir de ce moment jusqu'au début de 1893, autrement dit pendant onze ans, va démontrer, à chaque pas, *l'influence capitale* du chef dans ces groupements.

M. Louis Favron était fils de petit patron d'une petite ville du Midi : il achevait son tour de France, afin de se perfectionner dans son métier : il était sûr de retrouver, dans l'atelier paternel, le premier rang et l'indépendance qui en résulte.

En acceptant le rôle de Directeur, il sacrifia une partie de cette indépendance et résolut d'en chercher la compensation dans l'éclatant succès de l'œuvre collective.

En 1893, les coopérateurs ouvriers furent émus de la grande prospérité de l'Association, prospérité basée sur la richesse de la réserve qu'ils considéraient comme un trésor trop considérable.

Ils se laissèrent influencer par ces parleurs, qui persuadent aux naïfs que la prévoyance est l'avarice et voulurent prélever 80 francs par action de 100 francs. Dans l'assemblée de 1893, le parti de l'imprévoyance triompha.

Le Directeur donna sa démission.

Grande stupeur dans l'assemblée. Un mouvement instinctif ramena la majorité autour du chef Louis Favron ; mais il était écœuré ; il y avait eu probablement d'autres mouvements de mauvais vouloir : sa détermination était prise, il quitta l'Association : les contre-maîtres le suivirent.

L'ère heureuse de la Société était close ; il fallut des années pour mettre la main sur un bon Directeur et de longs efforts pour retrouver des bénéfices.

Voici le parallèle des deux inventaires qui viennent après.

31 décembre 1892 avant le partage.

31 décembre 1896 après le partage.

Le total des chapitres « Réserves et espèces en caisse » a diminué de 190.000 francs et l'on voit apparaître :

au lieu de 124.000 fr. de bénéfices,

70.000 fr. de pertes.

Deux causes principales ont concouru à la malheureuse situation des « Charpentiers de la Villette » durant leur nouvel exercice. D'abord on ne trouva pas, de suite, un Directeur sachant, à la fois, faire ses calculs *d'un coup d'œil rapide et sûr* ; il fallut en changer cinq fois avant de pouvoir en trouver un ayant cette aptitude. *Les ouvriers ordinaires et les turbulents ne se doutent pas de l'importance de cette qualité. Pour les gens superficiels, un homme en vaut un autre.*

La seconde cause défavorable provint de ce qu'il fallut donner plein salaire aux ouvriers, qui avaient vieilli.

Néanmoins, grâce aux économies antérieures, faites sous le premier Directeur, la Société put passer les jours mauvais.

L'ancien Directeur, Louis Favron, monta un chantier avec une nouvelle Association. Au bout de peu de temps, la nouvelle Société, bien dirigée, arrivait au chiffre de 2 millions d'affaires ; elle faisait de très beaux bénéfices; le prix d'achat de l'établissement avait été amorti en trois mois.

On dit qu'un homme en vaut un autre. Qu'en pensez-vous ?

Association des Lunetiers, 6, rue Pastourelle.

Fondée le 6 août 1859 par 13 ouvriers lunetiers, elle avait acquis pour la somme de 650 francs le petit établissement des sieurs Duez et Durié, qui devinrent gérants de la nouvelle Société ; on adjoignit, à ces messieurs, le sieur Muneaux, dont les qualités administratives avaient été remarquées : l'apport de chaque associé fut de 300 francs.

La première année elle fit 24.000 francs d'affaires ; en 1867, elle était arrivée à 766.000 francs ; en 1903, elle atteignait 3 millions.

Le 17 juillet 1860, l'apport de chaque sociétaire fut porté à 10.000 francs ; en 1868, il était élevé à 25.000 francs.

En 1889 la maison de Paris occupait 265 personnes, dont 60 employés ; elle avait acquis 5 usines dans la Meuse occupant 1.190 ouvriers.

La Société avait une succursale à Londres avec 35 employés. Ensemble, 1.490 personnes, dont 235 femmes et 145 enfants.

Cause de réussite. — Il n'y a eu que huit gérants depuis la fondation de la Société, c'est-à-dire en cinquante années.

Le soin avec lequel ces gérants ont été choisis, a assuré la permanence et l'unité de direction ; c'est une des causes les plus importantes de la réussite.

Elle fait honneur à la sagesse des sociétaires, qui ont su éviter les conseils des phraseurs et des politiciens.

Entreprise générale de Peinture, 54, rue de Maistre, fondée par 8 ouvriers peintres en 1882 avec 3.600 francs.

Sa réussite a été complète sous la direction de Marie Buisson. Cette Société est donnée, de plein droit, comme modèle. En 1896 elle a distribué 105.000 francs de bénéfices.

Elle s'est rendue propriétaire de l'immeuble qu'elle occupe et qui est évalué à 100.000 francs.

L'Union des Cochers, 202, Route de la Révolte, Levallois.

Parmi les 16 coopératives du département de la Seine, celle qui par le nombre de ses membres et la prospérité de ses finances, tient le premier rang, c'est *l'Union des Cochers*.

La Conciliation (Ouvriers sabotiers de Limoges).

Les ouvriers associés sont éparpillés dans leurs ateliers en chambre. Le rouage central se borne à des achats, en commun, de matières premières et à des ventes en commun de produits fabriqués.

Il y aurait là une organisation que les petits commerçants devraient bien étudier pour résister aux grands magasins, au moins pour le système des achats en gros.

Ancienne Maison Leclaire, aujourd'hui Redouly et Cie, 11, rue Saint-Georges. *Entreprise de Peinture, Dorure, Tenture, Vitrerie, Miroiterie.*

Ici, c'est un patron qui va de l'avant ; il n'attend pas la révolution de 1848 et les idées démocratiques d'association.

Dès 1842, M. Leclaire commence à admettre la participation aux bénéfices d'une partie de son personnel, qu'il désigne lui-même.

Société des plus intéressantes, fondée par un patron qui a fait fortune et prépare celle de ses ouvriers collaborateurs.

Les chefs d'industrie pourront lire avec profit *La*

participation aux bénéfices, de M. A. Piat et ses Fils, 85, rue Saint-Maur, *Imprimerie Chaix*.

La conclusion que l'on peut tirer de la lecture de ces extraits, bien réduits, est, selon moi, l'application du vieux proverbe Français : « *Tant vaut l'homme, tant vaut la terre.* »

C'est-à-dire que, surtout en société, seuls les travailleurs intelligents, honnêtes, réguliers, persévérants, sobres et moraux peuvent réussir, quand ils ont la sagesse de choisir un chef capable, consciencieux, susceptible de faire respecter et aimer son autorité.

Ce que l'on peut obtenir avec des hommes choisis, ouvriers et directeur, ne peut se trouver avec des agglomérations générales, dont l'instinct est l'utopie et le résultat presque toujours la révolte, suscitée par des esprits déséquilibrés, s'ils sont honnêtes, et coupables, si leur but est de profiter du désordre qu'ils suscitent.

Les quelques exemples que j'ai choisis dans le livre, seront une preuve de la nécessité d'éviter la politique et surtout les politiciens dans les Associations.

L'histoire des lithographes nous montrera la valeur de la persévérance dans le travail et de la fidélité, au Directeur honnête, dans les revers.

Celle des charpentiers, le danger d'être prêt à écouter les réformateurs, comme il s'en trouve toujours partout, quand il y a de l'argent en caisse. M. Louis Favron avait su créer une Association prospère ; au lieu de lui en être reconnaissant, on critiqua sa clairvoyance, on suscita la défiance ; on le lassa, on l'obligea à fonder une maison qu'il fit prospérer, pendant que ses critiqueurs désagrégeaient ce qu'il avait laissé florissant.

Les lunetiers toujours en prospérité, depuis 1848, nous donnent l'image d'une grande société modèle, où le bon sens, la sagesse ne laissent pénétrer que des travailleurs sérieux et rangés, se défiant des orateurs pour gouverner leurs inté-rêts.

M. Leclaire, entrepreneur de peinture, nous offre, dès 1842, un exemple rare de jugement et de cœur. Un homme semblable devrait être cité toujours par les ouvriers dont il a su faire des amis et des heureux. Le connaît-on vérita-blement ? n'oublie-t-on pas d'exciter d'autres bons cœurs à l'imiter ?

Je ne puis faire plus de remarques n'ayant donné que le faible résumé d'un livre très utile, non seulement à connaître, mais à étu-dier par les patrons aussi bien que par les ouvriers ; ils n'y peuvent trouver les uns et les autres que des idées salutaires, quoique dans des intérêts différents, mais toujours profi-tables.

Sommes-nous comme cela ?

— Monsieur le Commissaire, s'il vous plait ?

— Il est absent.

— Vous êtes probablement le Secrétaire du Commissaire ?

— Non, il n'est pas là.

— Alors à qui ai-je l'honneur de parler ?

— A Monsieur le Secrétaire du Secrétaire du Commissaire...

— Eh bien, Monsieur le Secrétaire du Secrétaire...

— En somme ! qu'est-ce que vous lui voulez à Monsieur le Commissaire ? Je suis sûr que vous venez pour vous plaindre de quelqu'un ? C'est comme cela toute la journée ; nous ne pouvons rien faire parce que nous sommes toujours dérangés par des gens qui viennent se plaindre des voleurs. Eux, les voleurs, ils ne viennent jamais se plaindre !... »

Voilà ce que répondait, dans le vaudeville : *Les Charbonniers,* un vieux soldat retraité, employé d'un Commissariat.

J'ai peur d'être pris pour un semblable ronchonneur, parce que je veux faire une plainte en règle contre les honnêtes gens, cause de tous nos maux, en l'année 1904, sans compter ceux dont nous sommes menacés et qui doivent être pis. Mais pour préparer mon plaidoyer, laissez-moi vous raconter une anecdote dont j'ai été le témoin peiné, surexcité, révolté.

Je revenais, un soir d'été, par le boulevard Beaumarchais, à cet endroit où l'on se croirait en province. Il était environ sept heures du soir, le moment où le soleil couchant ne laisse percer ses rayons horizontaux qu'à travers une brume chaude, qui estompe les êtres et les monuments. Tout semble au repos : on a le calme de la campagne presque en plein Paris ; presque tout le monde dîne ou va se mettre à table ; les quelques passants sont des attardés qui aspirent à en faire autant.

Deux bons rentiers ayant fini, plus tôt que leurs voisins, se promenaient, en ce moment, tranquillement, dans une douce et digne quiétude, appelons-les, si vous le voulez bien, Monsieur et Madame Maupas.

Ils causaient lentement, posément ; Monsieur Maupas ayant les plus grands égards pour Madame, qui ayant été très bien, ne se départait pas d'un air presque solennel. Beaucoup de femmes adulées par leur mari, finissent par se croire des demi-divinités !

J'avais remarqué déjà, de loin, ces deux Philémon et Baucis renaissance, heureux de voir des gens satisfaits, quand débouchèrent, d'une petite rue, deux habitués des boulevards extérieurs, qu'accompagnait une jeune poissarde, en rupture de halle. Tout en causant et gesticulant l'un des boulevardiers frôla un peu fort la dame Maupas : celle-ci d'un air hautain et dédaigneux prononça quelques monosyllabes désobligeants en laissant voir sa mauvaise humeur.

Les gavroches n'étaient pas sourds, ils s'unirent pour offrir aux deux bourgeois un bouquet de leur littérature ; l'un des trois effleura même, d'un doigt menaçant, le nez de la dame et de l'autre sembla vouloir lui secouer le bras.

A ce moment passait un brave ouvrier, qui avait vu le commencement de la scène : il s'interposa, avec sang-froid, pour persuader aux voyous qu'il y avait méprise et qu'il fallait se calmer. Les souteneurs, enhardis par l'air tranquille du travailleur, se tournèrent alors contre lui ; l'un d'eux faisant les gestes qui précèdent ce qu'on appelle l'attaque de la savate se prépara à sauter sur l'ouvrier, assuré qu'il serait aidé par la jeune femme et son compagnon.

Il est probable que l'ouvrier en avait vu d'autres ; aussi il ne s'en émut pas, mais se tint en garde.

Lorsque le souteneur s'élança sur notre homme, il fut enlacé dans son bras comme dans un anneau. Dans l'espace d'une minute, le gavroche étourdi rendant le sang par le nez, n'y voyant plus, fut repris par les siens ; ils s'éloignèrent en plaignant leur champion, mais ne réclamant plus, persuadés qu'une semblable ration serait servie à celui qui se présenterait dans les mêmes conditions.

L'ouvrier, voyant la besogne faite, s'éloigna

naturellement, sans paraître plus émotionné, et chacun fit de même.

J'avais vu toute la scène, je n'étais resté que pour servir de témoin au généreux champion si, les agents venant, il avait pu être inquiété. Je cherchai les honnêtes gens, ils avaient continué leur promenade, sans s'inquiéter de celui qui s'était exposé pour eux. Je ne fus pas long à les rejoindre et à leur donner des nouvelles de leur défenseur.

« Il est regrettable, leur dis-je, que vous n'ayez pu remercier cet ouvrier. »

Ces bourgeois, comme il faut, ne répondirent rien. Dame Maupas surtout dut trouver étrange qu'on se permît de lui faire une remarque désagréable pour elle ; elle tourna la tête avec suffisance ; M. Maupas aurait mieux aimé être autre part. Tous les deux firent les dédaigneux, n'ayant pas le courage de reconnaître leur tort.

Je pourrais citer d'autres faits de même genre ou variés de l'égoïsme des honnêtes gens ; celui-ci est typique : cependant je crois utile d'en narrer encore un ayant trait à la chose publique.

Il y a six à huit ans, je fus invité par un comité de gens d'ordre à aller visiter un certain nombre de notables du quartier pour les prier de nous aider à réunir les commerçants les plus intéressés à la bonne direction des affaires. Nous ne voulions pas faire de la politique, mais choisir et indiquer un candidat respectable destiné à soutenir la cause de l'honnêteté.

Je fus généralement bien accueilli, mais mon émotion fut grande quand me présentant chez l'électeur qui avait une des plus grosses fortunes du quartier, je fus reçu avec une réserve polie mais peu engageante. J'exposai les motifs de ma visite : en voici le résultat dialogué.

— J'apprécie, Monsieur, la peine que vous vous donnez, mais je dois vous déclarer que je ne m'occupe pas de politique.

— Mais, Monsieur, il ne s'agit pas de nuire au gouvernement, mais de lui aider à s'entourer d'hommes qui lui permettent d'assurer l'ordre public, en lui en facilitant les moyens et au besoin en l'y obligeant.

— Monsieur, toute la journée, je suis absorbé par mes affaires ; le soir, je prends mon repos en famille ; je crois bien faire en y restant.

— Permettez-moi, Monsieur, de vous faire remarquer que, pour garder cette tranquillité, il est indispensable que le gouvernement soit respectable et respecté. Ce sont les votes qui font le gouvernement, il faut que les fortunés, surtout, fassent bien voter ; vous êtes une de ces grosses fortunes ; la mienne n'est que celle d'un employé heureux et cependant je fais près de vous, avec empressement, une démarche appréciable.

— Je vous en remercie, Monsieur, mais je me suis fait un programme et j'ai mes raisons pour le suivre.

— Cependant, Monsieur, si des troubles se présentent.

— Je paie, Monsieur, pour qu'il y ait une police.

— Mais si elle ne suffisait pas à combattre le danger ; vous n'ignorez pas que ce sont les fils de prolétaires, de paysans plus que d'autres qui seraient chargés de protéger vos biens ; s'ils connaissaient votre réponse, pensez-vous qu'ils ne seraient pas plus que tentés de laisser faire : ils ne s'exposeraient pas à être tués pour défendre la propriété d'honnêtes gens qui auraient trouvé bien de rester le soir en famille, quand les intérêts de la nation étaient engagés.

— Monsieur, je vous ferai remarquer que vous semblez me donner une leçon.

— Monsieur je n'ai fait que remplir un devoir pour sauvegarder vos intérêts ; si vous pensez qu'il y ait leçon, je voudrais être à votre place pour en profiter.

Cet honnête homme était un parfait égoïste ; on ne vit, parmi les partisans de l'ordre, ni sa personne ni son argent.

Combien l'ont imité depuis trente ans ? Faut-il s'étonner que les gens de désordre aient trouvé le chemin libre pour accomplir leur programme de désagrégation, de lutte et de haine. Les sectaires ont pu ainsi, avec cynisme, devant tout un peuple apeuré, chasser de chez elles les servantes des pauvres, les éducateurs de leurs enfants. Enfin après avoir insulté les serviteurs du Christ, ils ont chassé le Christ lui-même du prétoire, avant de faire jeter son image au fumier, comme ils le disent si bien dans leur chant de guerre à Dieu.

Je sais que beaucoup d'honnêtes gens vont être contrariés de mon récit, ils diront que je suis exagéré, que je pousse les choses à l'extrême. Pour beaucoup tant que leur maison ne brûle pas, ils ne veulent pas croire qu'elle puisse être incendiée.

Dans la vie courante, ne voit-on pas habituellement nombre de gens très bien, rejeter tout allumée de leur cigare la bougie qu'ils auraient pu éteindre par un souffle. Ce serait manquer de *chic* que de s'occuper si on peut laisser tomber cette petite torche dans un soupirail ou dans des feuilles sèches. Aussi depuis plusieurs années, entend-on parler, plus que jadis, d'incendies de bois ou de forêts. Ces honnêtes gens ont-ils voulu mettre le feu ? Dieu les en garde. Mais s'ils font involontairement un malheur, pour cela, comme pour autre chose, l'important, c'est qu'ils ne soient pas pris.

Oh ! me direz-vous, que vous tombez dans le détail ! — « Oui, vous avez raison, mais si ce détail vous frappe, il fera image pour vous prouver qu'au moral les honnêtes gens ont fait pis. »

Ils ont, de leur argent, encouragé toute la mauvaise presse, non par méchanceté, mais parce qu'elle était drôle, littéraire ou spirituelle. On ne l'approuvait pas, oh ! non ; mais c'était si amusant, on savait en prendre et en laisser.

Mais en riant on aidait à mettre le feu dans les esprits. — « Oh ! s'il fallait s'occuper de tout cela ! » — « Eh bien ! le peuple a lu toutes ces

choses ; on l'a laissé tromper, il a pris cela au
sérieux ; il n'a pas le temps de distinguer les
nuances drôles, spirituelles et menteuses ; on lui
a dit que la classe riche ne s'occupait pas de lui ;
il ne sait pas distinguer les bons riches et les
riches coupables ; on a laissé prendre le feu
par négligence : le faux peuple ne demande
qu'à l'attiser. — **A qui la faute ?**

Laissons les airs suffisants, distingués, offen-
sés, cessons les gémissements paresseux ; allons
au peuple, malgré les difficultés réelles qu'il y a
à l'atteindre : on peut encore reconquérir son
estime, sa confiance si l'on agit réellement, effec-
tivement pour son bie

Mais il n'entendra pas qu'on ne lui parle que
de son âme ; il attend d'abord qu'on lui dise ce
que l'on a fait pour sa vie sociale.

Conclusion.

Nos lecteurs ont pu remarquer, au cours de cette étude, que, suivant les époques, on entend parler différemment de la question ouvrière. Certes elle est intéressante et même passionnante ; on est obligé pourtant de constater la lenteur de son progrès, à supposer qu'il y ait véritablement progrès.

Ce qui, en réalité, retarde les réformes sociales, c'est que les intéressés poursuivent les améliorations qu'ils désirent par voie de revendications et ne s'inspirent plus assez de l'esprit de justice et de concorde.

Le prolétaire a-t-il tous les torts ?

Des torts, peut-être en a-t-il plus aujourd'hui qu'il n'en aurait eu si ceux qui l'occupaient s'étaient intéressés à l'amélioration de son sort ; si lui-même n'avait pas mis de la bonne volonté à se laisser tromper.

La lutte qui existe aujourd'hui, date depuis plus d'un siècle.

L'ouvrier faisait alors partie de corporations dans lesquelles il avait des rapports suivis avec ceux qui l'occupaient. Ces Sociétés possédaient ; elles devaient suivre leurs membres avec intérêt ; elles les conseillaient, les soutenaient dans le malheur, les aidaient dans leur établissement, les secouraient dans la vieillesse.

Certes, les règlements de ces corporations, auraient dû se modifier progressivement et se libérer d'assez graves abus pour se mettre en harmonie avec les progrès du commerce et de l'industrie. N'en est-il pas ainsi de toute institution humaine ? Mais il faut le constater, il y avait là des rapports constants entre patrons et ouvriers, c'est-à-dire terrain d'entente entre intérêts différents ; un moyen raisonné et raisonnable de conciliation. Ainsi le démontre un républicain sérieux, Mazaroz-Ribalier, dans son ouvrage.

La loi Chapelier, en 1791, sous prétexte de donner la liberté à l'ouvrier, mais, en réalité, pour détruire une organisation qui aurait pu être une force de résistance aux entraînements du moment, a dissous les corporations : sous les peines les plus graves, elle leur défendait de se réunir pour discuter leurs intérêts.

Cette loi a brisé ce moyen d'union pacifique entre les patrons et les travailleurs : laissant les prolétaires, désorganisés, abandonnés à eux-mêmes : elle donnait ainsi, à la politique, tous les moyens de se servir d'eux, selon ses intérêts ou ses appétits, mais au détriment des intéressés.

L'ouvrier s'est trouvé, de ce fait, sans direction, sans protection efficace et éclairée, livré à d'ambitieux réformateurs. Ceux-ci ne réformaient, le plus souvent, que leur position précaire et même arrivaient, fréquemment, aux plus beaux postes politiques.

Après avoir été trompés par ceux-ci, les prolétaires portaient leur espoir sur ceux-là, qui les abandonnaient encore ; mais on leur avait dit qu'ils étaient la force, la production, les exploités : ils ne voulaient plus écouter la raison.

Les patrons, eux-mêmes, n'avaient-ils pas, dans les clubs, préconisé les principes de la grande Révolution ? l'ouvrier ne voulait plus écouter que les principes révolutionnaires.

D'autre part, les industriels, les commerçants, n'étant plus en contact amical avec leurs ouvriers les plus honnêtes et les plus intelligents, ne se sont plus laissé guider que par un esprit de représailles ou la crainte de la concurrence.

Puis, la fièvre des affaires, le désir de faire fortune les ont poussés à se désintéresser de ceux qu'ils devaient protéger.

Les chefs de maison ont, eux-mêmes, appris à leurs ouvriers, dans les temps de presse pour livrer leurs commandes que, mangeant sept jours, ils avaient le droit de travailler sept jours.

Ainsi, on inspirait aux ouvriers la résistance à la loi de Dieu ; on leur apprenait à délaisser le culte et surtout à dédaigner ou à fuir l'enseignement évangélique nécessaire à tout homme pour redresser ses actes et élever ses pensées.

Le prolétaire fut ainsi amené à n'avoir plus d'idéal et à ne plus travailler que pour nourrir sa famille et se donner les satisfactions extérieures à sa portée.

Quarante ans plus tard, les commerçants et les industriels enrichis voulurent arriver aux honneurs et se substituer à ceux qui en tenaient les faveurs. Alors ils se lancèrent dans la politique.

Pour être une force, ils se firent armer comme Garde Nationale. Au moment dangereux, ils livrèrent leurs armes aux ouvriers, qui se chargèrent d'achever leur politique.

Aujourd'hui, les disciples sont passés maîtres et veulent être maîtres ; faut-il tant s'en étonner ?

L'ouvrier ne peut distinguer, comme ses chefs, l'art des nuances dans la franchise, le respect, la fidélité, l'honneur, la probité. Pour lui, on est franc ou on ne l'est pas, probe ou non, honorable ou méprisable ; les gradations dans le vice ou la vertu ne lui sont pas familières.

Pourquoi, direz-vous, les travailleurs suivent-ils les politiciens, puisqu'il leur est facile de voir que ceux qui étaient leurs meneurs successifs se sont élevés à des positions avantageuses, honorifiques même, ont acquis de la fortune, ne leur envoyant plus, de loin, que des discours et la promesse d'obtenir des réformes qu'ils attendent encore !

Pourquoi ? parce que le peuple, qui revendique toujours la liberté, l'indépendance, se livre toujours fatalement à celui qui le flatte assez pour avoir l'air de s'intéresser à lui.

Le prêtre lui parle de ses devoirs ; il le fuit.
Le meneur lui promet l'indépendance ; il le suit :

oubliant que tout homme d'honneur est toujours dépendant de ses devoirs.

Pourquoi l'ouvrier a-t-il peur du prêtre ? parce que ce prêtre, et sa mission l'y oblige, lui parle plus souvent de ses devoirs que de ses droits. Les patrons n'ont-ils pas dit aussi, souvent devant lui, qu'en religion il fallait en prendre et en laisser. Eux, souvent, avaient tout laissé.

Il ne faut pas jouer avec le travailleur. Destiné aux rudes labeurs, il a les mains rudes : simpliste, il lui faut des principes vrais de foi et d'honneur et non des jouets intellectuels.

Trop de nos *littéraires* ont appris au peuple à faire de l'esprit ; à plaisanter ce qu'il doit respecter : Dieu, bonne foi, patrie ; il sait aujourd'hui tout railler, surtout ceux à qui il doit obéir. **A qui la faute ?**

C'est pourquoi il est plus nécessaire que jamais que les hommes de cœur, d'honneur et de dévouement se rapprochent du peuple pour lui parler, avec désintéressement, de tout ce qui peut lui être utile. Il faut multiplier les moyens de le détromper sur les théories mensongères avec lesquelles des gens instruits, de talent même, ont fasciné son imagination et faussé son jugement.

Il faut décomposer ces théories, pour saisir l'endroit où elles pèchent dans leur application pratique.

Il faut, surtout, que les fils d'industriels, de commerçants, de bourgeois, de ceux qui ont profité même honorablement de la classe ouvrière se dévouent à redresser ses idées erronées.

Il n'y a plus aujourd'hui, à étudier seulement les forces physiques, mécaniques, électriques ; mais aussi, les forces du peuple pour les diriger dans l'intérêt commun de l'occupé et de l'occupant.

Que fera-t-on des machines perfectionnées si l'on n'a pas d'ouvriers pour diriger leur action, recevoir et appliquer leur production ?

Le prêtre ne peut plus, aujourd'hui, que bien difficilement remplir sa mission près de l'ouvrier devenu défiant, ayant trop vu le financier, le négociant, l'industriel n'entretenir, avec le ministre du culte, que des rapports de convenance.

L'ouvrier imite ses maîtres : il ne sait pas mettre des gants pour marquer son indifférence. C'est d'une voix bien timbrée qu'il dit sans gêne : « Je suis libre penseur, » et nous le savons, *libre penseur*, aujourd'hui, ne veut pas dire : homme pensant librement, mais sectaire ne permettant pas de croire librement.

Il y a, Dieu merci, de très honorables exceptions dans les diverses classes de la société, en haut, comme en bas de l'échelle sociale ; mais ce qui est vrai, c'est que ceux qui servent leur Dieu, sont le petit nombre et que les indifférents, les croyants fantaisistes et les méchants sont le grand nombre et crient le plus fort.

Si donc, d'une part, on a incité le peuple à se défier du prêtre, il ne peut l'enseigner, et si d'autre part, les futurs industriels, négociants ne se dévouent à la classe ouvrière, ce sont les exploiteurs de son jugement, les politiciens, les meneurs de grève et de révolte qui continueront à se donner comme son soutien et son vengeur pour le passionner et faire durer le désordre dont ils vivent.

Ne faudra-t-il pour réformer tout cela que des conférences ?

Des conférences, oui beaucoup ; mais aussi, des cours de géométrie, de mécanique, de physique, de chimie, d'économie sociale et politique. Il faudra employer tous les moyens qui rapprochent l'homme qui sait de celui qui ne sait pas, tout ce qui permet à l'homme supérieur d'être bon avec celui qu'il doit diriger.

Il faut enfin que tout homme de valeur imite ces officiers de marine, qui savent inspirer confiance, en leur science, leur dévouement, leur courage, à leurs hommes, grossiers de manières, mais non de cœur. Il faut surtout que ces hommes croient à la foi de ceux qui les dirigent pour qu'ils reconnaissent qu'il n'y a qu'un même Dieu pour tous et qu'on s'honore en le servant.

Voilà ce qui pourra ramener beaucoup d'esprits égarés, de bonne foi, soutenir ceux qui cherchent à bien faire, les encourager et leur donner la force pour entraîner le nombre.

Mais, je le répète, c'est à la classe qui possède de donner aujourd'hui l'exemple en renonçant la satisfaction de ses aises, à sa soif des plaisirs.

Elle doit exciter au dévouement et rappeler à ceux qui penseraient n'être venus sur terre que pour y chercher le bonheur, que d'autres qui peinent ou souffrent sont confiés à leurs soins.

Et ce sera cela ou les conséquences de l'abandon de la responsabilité de la classe dirigeante envers ceux à qui elle devait l'exemple, cela ou la **Révolution sociale**. Il n'y a pas d'autre terme.

Prévoyait-on, il y a trente ans, que nous verrions les révoltes des arsenaux de Brest, Lorient, Toulon ; les grèves de Marseille, de Cette, de Limoges ?...

Ne faut-il pas prévoir celles qui devront suivre ?

A l'œuvre donc, les hommes généreux, à 'œuvre les hommes de bon sens, à l'œuvre tous les hommes de cœur !

631-05. — Imprimerie des Orphelins-Apprentis, F. Blétit, 40, rue La Fontaine, Paris-Auteuil.

Documents manquants (pages, cahiers...)
NF Z 43-120-13